小さな出版社のつくり方

永江朗

猿江商會

本書の表紙デザインは、
本書で取材した11社のロゴならびに
webサイト上で使われている社名を
図案化したものです。

目次
contents

editorial republica
korocolor
TRANSVIEW
SPBS
CORK
CHIISAI SHOBO
BOOKEND
HATORI SHOTEN
GOKU SHUPPAN
TEPPITSU
ARTES PUBLISHING

case 01 アルテスパブリッシングの場合…7
case 02 鉄筆の場合…25
case 03 羽鳥書店の場合…43
case 04 悟空出版の場合…65
case 05 ブックエンドの場合…77
case 06 小さい書房の場合…93

contents

case 07 コルクの場合…111

case 08 シブヤ パブリッシング アンド ブックセラーズの場合…135

case 09 トランスビューの場合…155

case 10 ころからの場合…177

case 11 共和国の場合…197

新しい小さな出版社をつくるということ…214

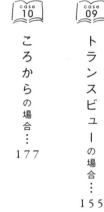

case
01

アルテスパブリッシングの場合

ARTES PUBLISHING

会社の規模が大きいと、書籍の刊行だけで食べていくのは大変ですが、ふたりなら食べられるんじゃないかという漠然とした計算はしていました

—— 鈴木茂さん

ARTES

01

ARTES PUBLISHING

アルテスパブリッシングは2007年、音楽之友社を辞めたふたりの編集者が設立した。1960年生まれの鈴木茂さんと64年生まれの木村元さんである。ふたりで、あるいはふたりが中心になって出版社を興すことは昔からわりとよくあった。たとえば筑摩書房は古田晁《あきら》と臼井吉見が、平凡出版（現・マガジンハウス）は清水達夫と岩堀喜之助が、晶文社は中村勝哉と小野二郎がはじめた。しかし筑摩書房の場合は古田が経営を担当して臼井が編集を担当したし、晶文社も中村が経営で小野が編集という役割分担だった。編集者ふたりがはじめたという点でアルテスパブリッシングはユニークだ。

音楽之友社はクラシック音楽の分野でよく知られた出版社である。クラシック音楽のファンで『音楽の友』や『レコード芸術』を読んだことがないという人はいないだろう。東京・神楽坂に、音楽ホールをそなえた自社ビルを構えている。鈴木さんが入社したのは1984年で、その4年後に木村さんが入社した。いま振り返ると、日本がバブル経済に向かっていく上り坂の時代、日本の出版産業にとってもっともよかった時期である。音楽之友社は人気出版社のひとつで、鈴木さんの入社時には700名以上が試験を受けて、採用されたのは7人。木村さんの年では200名以上の応募者に対して4人の採用だった。入社してから20年前後の期間、鈴木さんは雑誌を6年、ムックを7年、そして書籍を6年、いずれも編集者としてさまざまな出版物を手がけてきた。木村さんにいたっては、辞書や事典の編集もしていた。

その音楽之友社をなぜ辞めたのか。理由は単純ではない。上司や経営者と深刻な対立があったわけでもないし、待遇に大きな不満があったわけでもない。円満退社だった。

バブル崩壊後、多くの出版社は広告収入の減少など収入減にみまわれ、音楽之友社もその例外ではなかったが、従業員を減らすなどしてうまく切り抜けていた。その意味では、危機を生き延びた会社である。3000社とも4000社ともいわれる日本の出版社の中で、音楽之友社は優良な会社のうちに入る。仕事の内容も悪くない。専門出版社だからいやな仕事を命じられることはない。

「ときどき就活中の学生から相談を受けることがありますが、音楽之友社はいい会社だよ、といって勧めています。社風はゆるやかだし、労働条件もいい。とくに女性にとっては働きやすいでしょう」と木村さんはいう。

しかし、ふたりは会社を辞めた。このまま中堅社員として仕事を続け、やがて幹部社員になっていけば、それまでのように好きな本を好きなようにつくり続けるわけにはいかなくなるだろうということは漠然と感じていた。それは大きな組織の中にいれば避けられないことでもあるし、日本の出版産業が置かれている状況を考えてもわかることだ。現役の編集者であり続けたいという理由で出版社をやめてフリーランスになったり、自分で出版社をはじめる人は少なくない。

とはいえ、鈴木さんが会社を辞めたときは、独立して出版社をはじめようという具体的な計画があったわけではない。鈴木さんが辞めた1年後、こんどは木村さんが辞めた。

鈴木さんは次のようにいう。

「辞めたとき僕は45歳でした。フリーの編集者としてやっていく才覚も能力もないし、仮にやっていけたとしても非常にきびしいだろうとわかっていた。それよりも仕事を発注する側に回ったほうがいいだろうと思ったんですね。この年齢だと、編集以外、他の仕事はできないじゃないですか。アマゾンに就職できないかなとか、そんなたぐいのこともちらと考えなくはなかったんですが（笑）、やっぱり気が進まなくて。それで、木村とふたりでなら出版社をはじめてもいいんじゃないかと思ったんです。音楽之友社も、書籍については初版2000部、3000部という出版社なんです。けっして大部数を出している出版社ではない。会社の規模が大きいと、書籍の刊行だけで食べていくのは大変ですが、ふたりなら食べられるんじゃないかという漠然とした計算はしていました」

鈴木さんも木村さんも労働組合の委員長を経験していて、給与をめぐる団体交渉では会社の経営内容を細かく知ることができた。音楽之友社にいるときから「これならふたりでも出版社ができるよね」などと話していたことはあったのだ。それが現実になった。

会社を辞めるとき、音楽之友社を離れてもふたりとともに本を出してくれるという著者がいた。そのひとりが片山杜秀氏だった。担当する木村さんが振り返る。

「音楽之友社を辞める決意をした翌日、たまたま片山さんと打合せをすることになっていました。そこで、『とくに展望もないんですが、片山さんの本を出したい』と申し上げました。片山さんは心配するどころか、『ああ、そうですか。がんばってください』といって、どんな本を出せるか、いくつも企画を考えてくださいました。その中で、まずは『レコード芸術』にお書きになったものを出させていただけることになったんです」

片山氏は今でこそ政治学者、音楽評論家としてよく知られる存在であり、「朝日新聞」では文芸時評とクラシック音楽評を担当しているが、木村さんが音楽之友社を辞めたころは、まだ一部でカルト的人気を持つ書き手のひとりにすぎなかった。片山氏がはじめての著書『近代日本の右翼思想』を講談社選書メチエの1冊として上梓するのは2007年。そして2冊目の単著がアルテスパブリッシングから出た『音盤考現学――片山杜秀の本1』（2008年）だった。スタート時に柱となる著者がいるのは心強いことだ。その後、片山氏の仕事が評価され、知名度も上がっていくのと同時並行するように、アルテスパブリッシングも読者を獲得していった。

『レコード芸術』に連載した片山氏の原稿を音楽之友社がすんなりと木村さんに渡してくれたのも幸運だった。出版社によっては、そこで難航する。編集者の移籍はよくあることだが、そのとき企画も移籍先に持って行けるかどうかはわからない。「企画は編集者のもの」と考えて、それまでにかかった経費にも目をつぶって持参金がわりに渡してくれる出版社もあれば、「企画は出版社のもの」として渡さない出版社もある。肝心の著作権を持つ作家のほうも、「私は会社とではなく編集者個人と仕事をしているのだ」という場合もあれば、編集者よりも出版社とのつきあいを重視する場合もある。それは出版社と編集者、作家と編集者、作家と出版社、それぞれの関係にもよるし、その企画の成立プロセスもさまざまなのでどれが正解か一概にはいえない。

鈴木さんに続いて木村さんも音楽之友社を退社することになり、久々に会って話すうちに、一緒に出版社をつくれるかどうか、具体的にリサーチしてみようということになった。まずは取次大手のトーハンと日販（日本出版販売）をたずねた。知人のつてで某老舗出版社の社長に書いてもらった紹介状を持ち、その出版社の営業部長も同行してくれての訪問である。もっとも、ふたりは「だめでもともと」という気分だった。トーハンから提示された条件は「取次への正味（卸値）は67（価格の67％）。委託配本については分戻し5（％）。7か月後払い」というもの。分戻しは返品手数料ともいわれ、この条件だと価格の62％が卸値となる。正味と分戻しはともかく、支払いサイトが長いのが彼らには難点だった。

なにがなんでも大手取次を使わなければならないというわけでもなかった。なぜなら、大手取次以外の流通ルートのあてがあったからだ。

「音楽書専門に扱ってくれる問屋さんがいくつかあります。そのルートを使えるのがぼくらならではのアドバンテージだと思っています。音楽書の問屋を通じて大手取次にも卸すことができますから」と鈴木さんはいう。

音楽書専門の問屋とは、松沢書店（東京）や大阪村上楽器（大阪）、プリマ楽器（東京）など。楽器や楽譜を全国の楽器店・レコード店などに卸すのが主業務だが、取引先には書店も多い。

ふたりは、板橋区の松沢書店をたずねた。対応してくれた重役は、彼らが音楽之友社で手がけた本をよく知っているだけでなく、1点1点について、「これはよく売れた」「これはいい本だった」「これはあまり売れなかった」とコメントするのだった。

「すごい目利きですよ。驚きました。支払いサイトも大手取次よりも短い。松沢書店が引き受けてくれたのが大きいですね」と鈴木さんはいう。

大手取次の窓口と松沢書店の重役とでは印象が対照的だった。大手取次の言葉からは、とにかく自分たちのリスクを最小限にしようという姿勢が見える。条件を提示しながら「1年ぐらい続けて、実績ができてから来てください」と、そのスタンスをあからさまににおわせるのだ。小さな出版社を育てていこうという気持ちがまったく感じられなかった。一方、松沢書店は、これまで彼らがやってきたことを聞き、これから出していきたい企画を吟味して、取引口座を開いてくれた。大阪村上楽器も同様だった。

これらの問屋からは書店だけでなく楽器店やCDショップにも卸される。音大生向けの書籍は楽器店でもよく売れるし、マニアックな音楽書は大手輸入CDショップでも売れる。一般の書店ではジュンク堂など専門書の充実した大型店での売上が大きい。

アマゾンへも音楽書専門の問屋から卸している。在庫がなくなりそうになると連絡して、出荷しているので、在庫切れをおこすこともほとんどない。

音楽書専門取次のほかに、当初から口座を開いていたのは太洋社（2015年に自主廃業）とJRC（旧称、人文社会科学書流通センター）だった。当時、総合取次として5位だった太洋社と取引することにしたのは、TRC（図書館流通センター）との取引があったのと、取次の流通で必要になる出版社コードを得られるからだ。また、有力CDショップのディスクユニオンにも太洋社から納入できた。その後、TRCからは直接取引したいという要請があった。

アルテスパブリッシングの本はいわゆるフリー入帳で、返品をいつでも受けつける。書店はいちいち出版社に返品の了解をとる必要がない。それにもかかわらず返品の了解を求めるファックスが毎日届く。しかもそこには「力をつくしましたが、残念ながら売れ残ってしまいました」とていねいなメッセージが添えられている。返品了解のファックスを受け取ってはじめて、その書店に自社の本が配本されていたのを知ることも多い。取次を使うことのデメリットのひとつは、自社の本がどの小売店に配本されたのかが簡単には把握できないことだ。

アルテスパブリッシングをはじめるにあたって、ふたりは新宿の紀伊國屋書店本店をたずねた。紀伊國屋書店は村上春樹著『職業としての小説家』の初版の9割を出版元のスイッチパブリッシングから直接買い取って話題になったが、じつは以前から多くの出版社、とりわけ小規模出版社と直取引をしている書店である。そこで彼らも、直取引の可能性を打診するために同店をたずねたのだ。そのとき「参考意見を聞いてみては」と紹介されたのがトランスビューや月曜社、コモンズ、ミシマ社などだった。

トランスビューの工藤氏からは、取次を使わずに書店と直取引することを強く勧められた。アルテスパブリッシングが手がけようとしているのは専門書が多くなるだろうから、直取引が向いているというのである。しかし、結局、直取引はあきらめた。

鈴木さんがいう。

「書店と直取引をするには、経験と力量のある専門の担当者を置かないと無理です。ぼくらはふたりとも編集者で、片方が営業に専念するわけにもいかない。それで直取引はあきらめました」

ミシマ社はWAVEへの販売委託から自前の直取引に変えて半年経ったころだった。当時、会社にかかってきた電話は三島邦弘社長の携帯電話に転送されるようになっていて、鈴木さんと話している間も、何度も携帯電話が鳴って書店から本の注文が入っていたという。月曜社の神林豊氏には強く背中を押された。「出版社をはじめるなんて、やめたほうがいい」と止める人はいなかった。

こうしてアルテスパブリッシングはスタートした。

現在のオフィスは下北沢にある。下北沢駅の南口を出て、にぎやかな商店街が途切れたあたりに建つマンションの一室だ。会社設立当初は、鈴木さんと木村さん、それぞれの自宅がオフィスだった。だから会社の事業計画も、二家族が食べていくにはどの程度の売り上げがあればいいか、がひとつの目安だった。それぞれの自宅をオフィスにするのは月曜社のやり方がヒントになっている。

しかしふたり以外にもスタッフが入るようになると自宅でというわけにもいかなくなり、吉祥寺に一軒家を借りた。２階をオフィスにして１階に鈴木さんが家族と住んだのだが、東日本大震災が起きる。古い木造家屋は耐震性に不安があったので、それぞれの通勤の便を考えて現在のオフィスに移った。

アルテスパブリッシングという会社名は、メールをやりとりしながらふたりで決めた。「〜出版」「〜書房」といった、紙の本に限定した雰囲気になるのは避けようと思った。「パブリッシング」なら少し意味合いが変わる。「アルテス」は木村さんが思いついた。「音楽に限定しないほうがいいと、何となく思って。アルテスリベラレス、自由学芸という言葉もいいね、なんて」と木村さんはいう。

設立の手続きは司法書士に頼らず、すべて自分たちでおこなった。同業ですでに「アルテスパブリッシング」が登記されていないかなども調べた。

設立の手続きは面白かったと鈴木さんはいう。

「会社のつくり方を解説した本を買ってきて、それを参考に自分たちでやりました。司法書士に何十万円も払うのはばからしいと思ったし、やってみると面白くて、社会勉強になりました。公証役場とか法務局とか、すごく親切に教えてくれます」

本社は当時も現在も木村さんの自宅がある稲城市で、登記も法務局多摩出張所でおこなった。税務署は日野税務署の所轄になる。

創業資金はふたりの自己資金800万円。運転資金として、低利で借りられる稲城市の創業融資を700万円借りたが、こちらは2013年に返済した。その後、運転資金をときどき借りている。

出ていくお金で大きいのは印刷会社への支払いだ。手形ではなく延払《のべばら》い。音楽之友社のころから付き合いのある、信頼できる営業マンのいる太陽印刷工業である。有形無形さまざまな形で応援してもらっている。

「いま印刷はダンピングが激化していて、値段だけでいえばもっと安い印刷会社は他にもあるのでしょうが、長期的に考えると信頼できる営業マンとつきあっていく方がいい。彼はうちの予算規模や経営内容、さらには企画の内容まで理解してくれていますから、用紙の選択でも印刷方法でも、なんでも相談できます」と木村さんはいう。アルテスパブリッシングがこれまでやってこられた、最大の恩人のひとりである。

会社を設立して最初に出した本は、内田樹氏の『村上春樹にご用心』だった。音楽書の専門出版を謳ってスタートした同社にしては意外である。これは狙ったわけではなく、偶然だった。鈴木さんは内田樹氏のファンだった。

「会社の登記を準備しているとき、内田さんのトークショーがあったので、いちどナマの内田さんを見てみたいと思って出かけました。トーク終了後、挨拶にいって、これから出版社をつくりますと、名刺だけ渡しました。トークの中で、村上春樹のことをずいぶん書いたんだけどなと内田さんがいっていて、もしかしたら本にする話はどこからも出ていないのだろうかと思い、少し経ってからお手紙を書きました」

ちょうど『下流志向』がヒットした直後で、内田樹ブームに火がつく直前だった。手紙に対して内田氏からは「いいですよ」と軽いノリのメールが届いた。内田氏はすぐ作業にとりかかり、わりと早く本を出すことができた。もっとも、当時からすでに内田氏には編集者が行列をつくるほど注文が殺到していて、彼らからするとアルテスパブリッシングという新参者が横入りしたというわけで、イヤミのひとつふたつは聞かれたのではあるが。

スタートがよかった。最初の5冊がよく売れた。内田樹『村上春樹にご用心』のほか、西原稔『クラシックでわかる世界史』、片山杜秀『音盤考現学』、『音盤博物誌』、ピーター・バラカン『魂（ソウル）のゆくえ』。どれも版を重ねている本ばかりだ。

音楽之友社に編集者として勤め、アルテスパブリッシングでもクラシック音楽をテーマとした本を多く手がけているので、ふたりとももともとクラシック畑なのかと思いきや、そうではないのだという。大学でオーケストラなどに所属していたこともない。

「クラシック系の本はだいたいぼくがつくっていますが、それは音楽之友社にいたときの担当がそうだったから、なんとなくクラシック音楽系の著者とのつきあいが多いというだけです。音楽之友社でも、もともとは事典を担当していて、そこから硬めの本は木村に、というような雰囲気になり。ぼく自身はバンドをやっていたこともありますし、音楽はいろいろ聴いています。べつに音大出身でもありませんから、専門教育も受けていません。クラシックに関しては、門前の小僧ですね」と木村さんはいう。

一方の鈴木さんは

「ぼくは完全にただのリスナーです。音楽の勉強をしたこともないし、楽譜を読むこともできない。音楽事典や教科書はちょっと無理かな」という。

対外的には、木村さんがクラシック担当で鈴木さんがポピュラー担当、ふたりで全ジャンルをカバーします、みたいな感じでいうことも多い。

ふたりの音楽の好みは微妙に違っていて、鈴木さんは「なんでも。ヒップホップ、テクノ、トラッド、アフロ、ブラジル、J-POP、ロック、ジャズ、クラシック、古楽などなど、ジャンルは問いません」。一方の木村さんは「アコースティックな音楽。強いてジャンルでいえば古楽、現代音楽、クラシック、欧米のポップス、ギター音楽、ジャズなどでしょうか」。

「共通して苦手なのは×××ぐらいかな」と彼らはいうのだが、業務に差し支えるので×××がなんであるかは秘密だ。

アルテスパブリッシングでは自社の本以外に、N響（NHK交響楽団）の機関誌「フィルハーモニー」の編集もおこなっていて、経営的には大きな支えになっている。とはいえ、編集プロダクション的な業務を拡大しようとは考えていない。じつは創業時、ある出版社で実用書の企画と編集をしたことがある。

「その出版社で編集をしている友人から、新しいシリーズを創刊するので、小遣い稼ぎにやってみないかと声をかけられました。とりあえず1冊、企画を出して、本にもしたんだけど、自分のところで出せないものを、他の出版社でつくるのは、ぼくらに向いていないと思い知りました」と木村さんは苦笑し、鈴木さんは「わがままなんだと思います」という。N響の仕事はアルテスパブリッシングの業務とほとんど変わらない内容だし、N響の仕事をアルテスパブリッシングの企画に活かしていくことも可能だ。

会社を維持するために編集プロダクション的な仕事をしたくはないし、かといって見かけ上の売上をつくるために本を量産したくもない。アルテスパブリッシングはギリギリのところで「やりたいこと」と「食えること」のバランスをとりながら、活動を続けてきた。

本の出し方は慎重で、いきなりビッグヒットを狙うのではなく、少ない初版からはじめてコツコツと版を重ねていく。同社のサイトの出版目録にはそれぞれの本が何刷したのかが明示されているが、これほど重版率が高い出版社も珍しいだろう。とくに年間何点発行するというはっきりしたノルマは決めていないが、経営を考えるとなるべく発行点数ゼロの月がないようにしている。

読者に向けたプロモーションはネットが中心だ。自社サイト、メールマガジン、フェイスブック、ツイッターなどである。新聞広告を出したことは何度かあるが、書評ほどの効果はないというのが実感だ。

「まずは店頭だと思っています。幸い、音楽書って競争がそんなに厳しくないジャンルなので、けっこう長いあいだ平積みしてもらえるんです」と鈴木さんはいう。これは専門書出版の強みだろう。新刊点数の多い文芸書やビジネス書、実用書だとこうはいかない。マーケットも大きいが、そのマーケットで売っていくためにはプロモーションにもたくさん費用をかけなければならないからだ。初版部数を絞り込めるのも専門書だからといえる。全国1万4千の書店があっても、その中でアルテスパブリッシングの新刊を平積みするような書店は数が限られる。

企画が枯渇することはないのだろうか。

「逆です。本にするのが追いつかない状態です。著者から、いつ本にしてくれるんだと催促される状態が続いています。申し訳ないことに」と木村さんがいう。鈴木さんも「ちょっとシャレにならなくなっている」という。

編集者がふたりだから、月に1点か2点出すのでもけっこうたいへんだ。仮に月に2点とすると、毎月各自1点の本を出していかなければならない。一方、実現したい企画は次々と出てくるし、すでに著者から渡された原稿もたくさんある。

「ほんと、どこかに良い編集者はいませんか」と鈴木さんはいう。

「こういう本ですから、そんなにお支払いはできないんですが。好きでやってくれるような編集者を、なかなか見つけられずにいます」

「好きでやってくれる」という言葉にはいろいろ意味がある。たんに「好きだ」「面白い」を超えた、ある種のプロ意識が必要だ。その見極めを彼らができるのは音楽之友社で20年の経験があったからで、なかなかそのレベルの人材はいない。

「雑誌の編集と書籍の編集には違うところがあります。書籍の編集では、どんなジャンルであっても必ずおさえておかなければいけないポイントがあります。それがわかっていて、なおかつ内容にまで踏み込んで、ちゃんと本をつくれる人は貴重」と鈴木さんは話す。

本にしたい企画はどんどん出てくるのに、なかなか手を出せない。それがつらいという。「原稿をいただいているのに作業が進んでいない本は、著者の方に申し訳なくて。ほんとうに心苦しく思っています」と木村さん。

書籍の印税率はケースバイケースだが、基本的には10％。印税の支払い方は、たとえば初版が2000部であれば、1000部について刊行時の支払い保証部数とし、それ以降は定期的に実売部数について支払うという方式を基本にしている。ただし大学教員が論文を書籍にするときは大学などから助成金が出ることもあるし、著者がまとまった部数を買い上げる場合もある。書き下ろしの本には印税を支払う。

「印税を支払えないような本は出したくない。商業出版物として世に出すものは、売上や利益をきちんと分配したいんです」と鈴木さんはいう。

アルテスパブリッシングが創業したときに比べて、新刊市場はますます収縮し、回復の兆しは見えない。悲観的な話題ばかりになりがちだが、「売れる／売れないということに関しては、とくに変化を感じない」とふたりはいう。

いい本をつくればそれなりに読者はつくし、新しい出版社が増えているのは楽しい。どんどん増えて欲しい、と語る。流通ルートももっと多様化していいというのが彼らの考えだ。

case
02

鉄筆の場合

TEPPITSU

5千部も1万部も、赤字の額は大差ありません。それならいっぱい刷って、いっぱい配本して、いっぱい返品がくるほうが、読者は広がります

——渡辺浩章さん

鉄筆

02

TEPPITSU

鉄筆には驚くことが多い。まずその会社名に驚く。いきなり文庫本で出版活動をはじめたことにも驚く。そもそも社長の渡辺浩章さんが、50歳を目前に光文社を辞めて創業したことに驚く。

まず社名について。鉄筆というのは謄写版(ガリ版)をつくるときに使う道具の名称だ。先が針のようになったペンである。ガリ版なんてたぶん40代以下の人は見たことがないだろうが、パソコンとプリンターどころか、ワープロやコピー機さえ普及していなかったころの、もっとも手軽で安価な印刷機だった。パラフィン(ロウ)を引いた用紙(原紙)に、鉄筆で文字や図を書き、薄い絹の布が張られた枠にセットする。原紙の表側からインクのついたローラーで圧《あっ》してやると、下に置いた紙に文字や図がうつる。パラフィンが塗られた部分はインクをはじき、鉄筆でパラフィンが削れたところにはインクが染み込む。プリントゴッコにちょっと似ている。原理は単純だが、鉄筆で読みやすい字を書くにはコツが必要だった。字の形や力の入れ具合によって、1枚の原紙で印刷できる枚数に差が出た。

私の父は小学校の教員だったが、いつも夜遅くまでガリ切り(鉄筆で原紙に文字や図を書くこと)をしていたのを覚えている。私が学校でもらう印刷物も、ほとんどが教員がガリ切りしたものだった。中学校ぐらいまで、つまり70年代のはじめごろまでは、試験の問題用紙もガリ版刷りだったのではないだろうか。ビラや同人誌もガリ版でつくれた。ガリ版は一般の市民でも小さなメディアをつくれる手段だった。そのガリ版に不可欠なのが鉄筆だ。いい名前だ。

もっとも、鉄筆には他の意味もある。手もとの『広辞苑』を引くと、印刻に用いる小刀や、印判を彫ること、そして力強い文章・筆力という意味もある。

鉄筆出版でも鉄筆書房でも鉄筆社でもなく、たんに鉄筆。そういえば大学で教えていたとき、出版社に就職したいという学生たちがしょっちゅう研究室にやってきて、就職相談という名の雑談をしていたときのこと。ひとりの学生が「出版社って、たいてい社名に〈社〉がつきますね。〈書店〉とか〈書房〉とか〈出版〉とかも。ちょっと面白いなと思って」というので、気がついた。昔は他業界でも「なんとか電機」とか「なんとか製作所」とか、聞いただけでどんな業種かわかる社名をつけていたが、CIブームのころからか、名前を聞いただけでは事業内容がわからないような名称に変更したところも多い。しかし出版界では取次の東京出版販売が通称だったトーハンを正式社名にしたぐらいで、社名変更するところはまれだ。最近、角川書店はKADOKAWAになったけれども、あいかわらず書籍の背には角川書店と入っている本が多い。大手・中堅で〈社〉や〈書店〉〈書房〉などがつかないのは、文藝春秋や、ぎょうせい、学研（旧名「学習研究社」）、法研（旧名「保健法規研究会」）ぐらいのものではないか。

鉄筆という社名は、渡辺さんが光文社の書籍販売部長だったころにつくった広報PR誌の名前をそのままとった。「イメージは学級新聞」だそうだ。1964年生まれの渡辺さんは、ガリ版を体験した最後の世代かもしれない。

渡辺浩章さんは札幌市生まれ。生保会社に勤務していた父の転勤にしたがって、福島や東京に転居し、10歳の年から福岡市に住んだ。福岡の名門県立修猷館高校から早稲田大学社会科学部へ。早大ではラグビー部に所属した。88年、早大を卒業して光文社に入社する。

光文社は終戦直後、講談社の子会社としてつくられた。戦時中の講談社が軍部に協力、戦争に加担した責任を問われて解散させられるのではないかと恐れてのことである。講談社がGHQに解散させられた場合、光文社で事業を継続しようと考えたらしい。はじめのころは講談社の社屋内に会社があり、現在も通りをへだてた向かい側に本社ビルがある。結局、講談社が解散することはなく、光文社の常務でのちに2代目社長となる神吉晴夫がつぎつぎと斬新な企画を成功させていく。新書「カッパ・ブックス」「カッパ・ノベルス」や雑誌『女性自身』などである。ついでにいうと、女性ファッション誌の『JJ』という誌名は「女性」と「自身」の頭文字から。

渡辺さんが光文社に入社した1988年は、出版界がバブルに乗っていく上げ潮の時期だった。私はこの年、西武百貨店系の洋書輸入販売会社を辞めてフリーランスになった。

ミリオン出版でエロ本の編集手伝いなどもしていたが、夜、電車がなくなるまで仕事をするとタクシーがつかまらなくて困ったのを覚えている。それくらい世の中の景気はよかった。

渡辺さんは書籍の編集をしたかったが、最初に配属されたのは、写真週刊誌『FLASH』の編集部だった。81年に新潮社が『FOCUS』を創刊して成功したのを見て、講談社が『FRIDAY』を、文藝春秋が『Emma』を、小学館が『TOUCH』を創刊した。『FLASH』もそのひとつ。ひところは「3FET(スリー・エフ・イー・ティー)」などといわれた。ところが86年にビートたけし氏とたけし軍団が『FRIDAY』編集部を襲撃するという事件が起きて、世間の風向きはがらっと変わる。まず『Emma』が87年に休刊。89年には『TOUCH』も休刊する。渡辺さんが出版界に入ったのはそんな時期だった。つまり出版界全体としては上り調子だが、そのなかで配属された雑誌はジャンルとして凋落期に入っていた。なお、2001年に『FOCUS』も休刊して、いま残っている写真週刊誌は『FRIDAY』と『FLASH』という、ともに音羽系(講談社系のことを業界ではその所在地をさしてこう呼ぶ。集英社など小学館系の会社は一ツ橋系だ)だけが残った。

その後、91年に渡辺さんは『週刊宝石』編集部へ異動。同誌は、一般週刊誌としては後発で、反権力的スタンスでありながら軟派な雑誌だったが、2001年に休刊した。休刊にともなって渡辺さんは販売部に異動になり、03年には販売促進部へ。09年には書籍販売部長となる。書店向け広報PR誌の「鉄筆」を創刊したのはこのときだった。書籍販売部長にという人事を会社が提案したとき、「書店向け広報PR誌をつくらせてくれるなら」と交換条件のようにしたのだった。書店向けでありながら白石一文氏や大沢在昌氏の連載小説がある贅沢な内容だった。

渡辺さんが4年間在籍した早大ラグビー部は、毎年、文集を出していて、タイトルを「鉄笛」という。

「『鉄笛』の創刊号を読むと、現役学生だけでなくOBも加わって、研究成果を発表しているのがわかります。お互いに刺激を与え合いながら成長しようという意欲が伝わってきます。『鉄筆』も書店が販売方法の研究報告ができるような媒体を目指しました」

社名を鉄筆にしたのは、言葉の意味や早大ラグビー部の文集「鉄笛」からの連想だけではなく、PR誌「鉄筆」のタイトルをそのまま社名にすることで、書店から「あの『鉄筆』の渡辺がはじめた会社だ」とわかってもらえるだろうと期待してのことでもあった。新興出版社にとって重要なのは、つくった本を読者に認知してもらうことだが、それ以前に、書店員に会社の存在を認知してもらわないと、注文につながらない。ここらへんのセンスは、大手出版社で12年、営業担当者として書店の生の声を聞いてきた成果でもある。

渡辺さんが書籍販売部長になったころ、光文社の経営悪化があきらかになり、大規模なリストラが発表された。当時、出版界で話題になったブログに「リストラなう!」がある。匿名ブロガー・たぬきちが光文社のリストラの模様をリアルタイムで報告するブログだ(のちに新潮社から綿貫智人《わたぬきちじん》著『リストラなう!』として刊行)。たぬきちは早期退職募集に応じて光文社を辞めたひとりだった。

「ぼくが光文社を辞めたのは、早期退職募集とは関係ありません。直前にも組織のリストラがあって、ぼくは新任の部長として複雑な組織をまとめる立場だったから、辞めるわけにはいきませんでした。もしもあのとき早期退職に応じていたら、退職金は優遇分を含めると5000万円ぐらいになっていたんじゃないかな。たぬきちは、かなり正確に書いていましたね」と渡辺さんはいう。

渡辺さんが光文社を辞めたのは2013年7月だった。上司から強く引き留められたが、決意は固かった。入社してちょうど25年、四半世紀の区切りという気持ちがあったし、仕事では編集と営業の両方を経験できたので、ここから先はひとりでやろう、もうこれ以上光文社にいても書籍をつくれる見込みはない、という思いがあった。

「リストラが終わって光文社を辞めたのは、書籍の編集がしたかったからです。入社するときから書籍編集部を希望していました。本づくりにあこがれて入社して、『週刊宝石』編集部のときは、村上龍さんや団鬼六さんの連載をとってきました。でも単行本にまとめるときは、ぼくじゃなくて書籍部がやるというのが社内のルール。そこはあまり納得していなかった」

急に思い立って辞めたわけではない。『週刊宝石』が休刊するとき、「いつか辞めよう」と決心した。週刊誌は編集部も大所帯だし、嘱託の編集者やカメラマン、ライター、フリーのカメラマンやライターなど、ほぼ専任でかかわる社外のスタッフも多い。渡辺さんはそうした人たちの再就職先や受け入れ先の心配をしていたので、自分のことなどかまっていられなかったのだ。それからさらに12年、営業の仕事をしたわけである。

「いつかは辞めるんだろうなと思っていましたね。入社の動機は書籍をつくりたいということだったのに、結局、一度も書籍編集部には異動させてもらえませんでした。雑誌がメインの会社なんだから、光文社に入社した自分の選択が間違いだったんだけど」

こうして渡辺さんは50歳を目前にして光文社を辞め、鉄筆を立ち上げた。そのままあと10年勤め続ければ、それ相応の肩書きと年収、そして退職金が保証されていただろうに。

もっとも、書籍の編集をさせてもらえないという不満はあったものの、会社とトラブルがあったわけではない。円満退社である。ただ漠然と、だんだん本づくりが難しくなってきたと感じることは多かった。原稿にある言葉ひとつをめぐっても、誰かに批判されるのではないかと絶えず気にするような空気がなんとなく社内に漂っている。新世紀に入ってから、とくにそれを強く感じるようになったという。

「作家が書きたいことを書こうとすると、どこかで引っかかってしまう。景気は悪いし、守りに入ってしまうというか、抵抗するのもいやになってくるんでしょう。役職が上の人ほど気にしていて、それがだんだん現場にも浸透してくる」

たとえば鉄筆で文庫と単行本を出している辺見庸氏のような激烈な作家の文章は、こうした空気の中では浮いてしまい、なかなか出しにくくなっていく。

鉄筆の社是は「魂に背く出版はしない」。熊本の出版社、伽鹿舎のｗｅｂ文芸誌「片隅」に連載した渡辺さんのエッセイで、この社是の由来が語られている。先述のように渡辺さんの父は生保会社に勤務していたが、40歳を前に会社を辞めてしまう。上司と仕事の方針をめぐって対立したのが原因らしい。紆余曲折があって、東京で保険代理店を営むようになる。渡辺さんが「最初に出会った奇妙な人」と敬愛を込めて表現する父が、ことあるごとに彼につぶやいた言葉、それが

「金の力に負けるな」

「金に魂を売るな」

「魂に背く出版はしない」は、その父の口癖を受けての社是である。

だったという。

不本意な出版はしないというのは、あたりまえで簡単なように思えるけれども、現実にはむずかしい。「社員とその家族を食べさせていかなければならないから」と、ある中堅出版社の社長がいうのを聞いたことがある。資金繰りのために「魂に背く」出版をする会社は珍しくない。委託配本システムの中で自転車操業状態に陥った出版社は、取次への納品と返品の相殺が赤字になるのを防ぐために、とにかく本にできるものならなんでも、という姿勢になりがちだ。

渡辺さんが鉄筆を創業して、最初に刊行したのが白石一文氏の小説『翼』だった。「鉄筆文庫」の第一弾でもある。いきなり文庫からはじめるなんて、前代未聞ではないか。

もっとも、渡辺さんの計画としては、第一弾は辺見庸氏の小説『霧の犬』でいくつもりだった。辺見氏とは『週刊宝石』のころからのつき合いで、ゴールデン街で一緒に飲むこともあった。渡辺さんが光文社を辞めて鉄筆をつくると告げたときは、「金が足りなかったら、オレが出してやる」とまでいってくれた。『霧の犬』には書き下ろしの表題作の他に文芸誌『文學界』に発表した作品も入っている。辺見氏は「これを、お前のところで単行本にしろ」といってくれたが、初出誌の版元である文藝春秋との交渉はいささか骨が折れた。文藝春秋としては当然、自社で出したい。しかも作品をほしいといってきたのが、まだ何の実績もない小さな出版社なのだからなおさらだ。少し前まで光文社の書籍販売部長だった渡辺さんには、相手の立場もよくわかった。それでも結局は、著者の意向ということで鉄筆から出すことができた。

そもそも第一弾を文庫でというのは、白石一文氏からの提案だった。

「白石さんは心配になったんじゃないですかね。第一弾は自分の『翼』を文庫で出すべきだという。提案じゃないんですよ、絶対にそうすべきだ、というほぼ命令です。それくらいのことをして世間を驚かせないと失敗するぞというんですね」

『翼』はPR誌「鉄筆」で連載した作品だった。光文社から単行本が出たが、ちょうど東日本大震災と重なったこともあって、期待したほどは売れなかった。単行本の限界と文庫本の可能性ということを考えたのはこのときだった。単行本『翼』の売れ行きが思わしくないので、渡辺さんは白石氏に「ツイッターで連載してはどうか」と提案した。13年5月から3か月間にわたり連載（投稿）され、新聞でも取り上げられた。フォロワーは1万人を超え、作品への注目も高まっていった。ツイッター連載の途中で渡辺さんが光文社を退社したことから、鉄筆で文庫にすることになった。

新聞広告も出した。これがまたすごい。「創刊　鉄筆文庫　直木賞作家・白石一文の最高傑作小説が遂に文庫化　5万部！」「何度も読んで、泣く人続出…発売前から大反響！」とある。「5万部！」というのは初版部数のことだ。結果的に1年で10万部を超えるヒットとなった。

『翼』の刊行では、イメージ画像のコンクールもおこなった。これも白石氏の発案で、110点の応募作から白石氏が5点を選んだ。しかも「カバーの裏が白いのはもったいない」という白石氏のアイデアから、裏に入選作を印刷したカバーはリバーシブルになっている。

創業したばかりの小さな出版社が第一弾を文庫で出すというのは、無謀なように見えるが、よく考えると、なかなかうまい戦略である。まず、一気に全国の書店に配本することができる。全国の書店に認知してもらうことができる。また、最近は文庫を出版社やレーベル別ではなく著者別に陳列する書店が増えていて、そういう書店では『翼』も他社の白石一文氏の文庫と一緒に陳列される。しかも、単行本が店頭に並んでいる時間は1週間からせいぜい1～2か月だが、著者別の棚に置かれた文庫ならもっと長くなる。

「出版社をつくったら単行本で勝負しろと取次をはじめみんなにいわれましたが、みんなと同じようにやれば同じような結果しか出ない。でも、書店の人は鉄筆の初刊行が文庫でもいやがりません。光文社時代、書店を訪問して回ると、書店が困っていることが本当によくわかりました。単行本が売れなくて、文庫が主戦場になっていました。文庫で利益を出していくのは大変です。客単価も下がっています。たくさん売れるものを出すなら、いきなり文庫でもいいと考える書店は増えている。ならば、書店が望む部数を満数で出荷すれば、文庫のほうが需要が増えるんじゃないか」

オフィスは光文社の向かい側にあるビルの1室を借りた。かつてこの界隈のビルには講談社や光文社の仕事をするデザイナーや編集プロダクションが入居していたが、昨今の不景気で空き室も増え、家賃相場も下がっているという。30平米で10万円弱というから、立地を考えると安い。自宅もすぐ近くにあり、光文社のころから継続してつきあいのある印刷会社もすぐそばだ。円満退社だったからこそのことだろう。

鉄筆の立ち上げを決意して、いろいろと試算してみた。試算してみてわかったのは、まず人を雇うのは無理だということ。渡辺さんが編集業務や営業をおこない、妻の直美さんが経理を担当する。実家が文房具店を営み、総合商社に勤務していたこともある直美さんは頼りになるパートナーだ（「片隅」の連載エッセイには、直美さんとの出会いについても書かれている）。

鉄筆の役員でもある直美さんは、一時期、経理の勉強のために近所の会計事務所で働いたほど。実家の文房具店の経理も見ている。

もっとも、退社と起業について、渡辺さんは「ふたりで話し合った結果」といい、直美さんは「ひとりで決めたんでしょ」とツッコミを入れる。「子どももいるし、辞めないほうがいいんだから。それなのに会社を立ち上げるなんて信じられない。でも、止めてもしょうがない」というのが彼女のいいぶんだ。なんだか大助花子の漫才を見ているよう。

他の出版社にいる友人たちは、みな応援してくれた。止めた人はいなかった。

「いまでもときどき一緒に飲みますが、みんな面白がって見てくれています。他の人たちも、自分でも会社をやってみたいと思っているようで。ただ、家族のことなどを考えると無理だ、という話になるんですが」

渡辺さんは光文社を辞めると、さっそく会社の登記をした。次に、取次の口座を開くために、取次にいる知り合いに相談をした。この時点で、白石一文氏と辺見庸氏の本を刊行することは決まっていた。

「いろいろとアドバイスを受けました。まず初刊行から3年分のラインナップを提出する必要がある。そのとき、新興出版社のラインナップにありがちな、某プロスポーツ監督経験者や多作な研究者の名前は避けたほうがいいだろうとも」

年間5点、3年間で15点の刊行予定リストをつくって、まずはトーハンと交渉した。トーハンの反応はよく、とくに白石一文の名前が入っているのを評価された。トーハンからは1か月ほどで口座開設の連絡が来た。トーハンがOKになると、他の総合取次、日販、大阪屋、栗田、太洋社も「トーハンで口座開設できているなら問題ないでしょう」とOKになった。

資本金は800万円。オフィスの権利金や家賃、印刷所への支払い、著者への印税、新聞広告費など、けっこうなお金がかかったが、退職金でまかなうことができた。

第一弾が文庫で、初版部数が5万部ということが象徴しているように、鉄筆のやり方は大手取次のシステムを利用したもので、トランスビューなどの注文出荷制とはまったく違う。（詳しくはP155～を参照）

「ぼくの場合は、トランスビューみたいなやり方だとできないと思う。新刊委託というしくみで取次を通じて書店に配本する。売れようが売れまいが、とにかく刷って送り込んで、売れなかったら返品してもらう、というやり方でやるしかない。光文社時代の感覚でマーケティングして、絶版本を復刻するなら初版はこれくらいでという数字は頭に入っていますが、その通りにやるとほんとうに売れない。初版1万部で、7～8000部を配本して、半分が返品されてくる、みたいなことになる。これでは縮小していくばかりです」

出版界が、とりわけ大手取次が、返品率の改善を最優先課題とするようになってしばらく経つ。扱い部数を絞り込む総量規制のようなこともおこなわれた。たしかに返品率は改善し、取次の利益にはなったかもしれないが、市場全体は収縮した(不動産向け融資の総量規制がバブル崩壊と長期不況のきっかけになったことを連想してしまう)。本を読者に届ける、あるいは作品を人に読んでもらうという、出版の意味の根源から考えると、これはどうなのか。

「じゃあ、何も考えずに2万部刷って、書店からがんがん注文を取って、いわれたものはすべて満数で配本したらどうなのか。結果はだいたい見えています。2万部刷っても仕上がり(実売数)は1万部ぐらいです。でも某大手の数字を見ると1万部刷って、半年後の仕上がりは5千部です。返品率はどちらも同じ50%ですが、読者に届くのは2万部刷れば1万人です。5千部も1万部も、赤字の額は大差ありません。それならいっぱい刷って、いっぱい配本して、いっぱい返品がくるほうが、読者は広がります」

すがすがしい考え方だ。渡辺の話に感動するとともに同意する。返品率が高くても、それを所与の前提として、それでも利益が上がるしくみにすればいいわけで、返品削減はじめコストカットは、短期的には利益を増やしても、長期的には市場を収縮させ、自分たちの首を絞めることになる。たしかに取次は返品率が1%上昇すると5億円の損失になるというのではあるが。

「出版社にとっても返品はリスクではありますが、そんな大したリスクではありません。在庫が増えてどうしよう、製造費の負担が重い、というぐらいで。たぶん文庫を出しているような大手の出版社は、社員の給料を1割下げるだけで、その程度の経費はまかなえるんじゃないかと思います」

一人ひとりの給料が高いので、経営側は人件費を抑えるために従業員を減らそうとする。従業員が減ると、ひとりあたりの労働量は増える。余裕がなくなり、アイデアも生まれにくくなる。本が売れない、雑誌が売れないというが、人口減やインターネット、ITの影響だけでなく、本や雑誌がつまらなくなったからという理由もあるだろう。つまらなくなったのは、編集者に余裕がなくなったからだ。給料を下げて人を増やしたほうが、長期的には出版界活性化につながるのではないだろうか。

渡辺さんがいちばん気をつかっているのは、印刷会社との関係だという。光文社で取引のあった印刷会社に依頼をしている。他の会社と相見積もりをとることもない。

「どこもだいたい同じだということは、光文社時代でわかっていますから。だったら信頼できるところがいい」

予算規模が小さくなると、つい印刷代を削ったり、返品を少なくしようとしたりするけれども、渡辺さんのやりかたは正反対だ。コストカットで失われるものを考えると、彼のやり方のほうが可能性があるように思えてくる。

case 03

羽鳥書店の場合

HATORI SHOTEN

出版界ではみなさん出版不況だといいますが、私は不況だと思っていません。いまを出版不況というなら、そもそも出版好況なんて時期はあったのだろうか

—— 羽鳥和芳さん

羽鳥書店

定年退職した編集者の身の振り方はさまざまである。他の出版社に移る人もいれば、フリーランスの編集者になる人もいる。大学や専門学校の教員になる人や、エッセイスト・評論家になる人もいる。なかには悠々自適で暮らす人も。最近は雇用延長があたりまえのようになったので、そのまま会社にとどまる人も少なくない。

ところが、自分で出版社を興す人は意外と少ない。いちばんの理由は、起業が大変だからだろう。会社をはじめるには資金もいるし、体力もいる。退職金を元手にということになるだろうが、それからの人生を考えると簡単には踏み出せない。失敗すると困窮することになる。家族、とりわけ配偶者が賛成してくれるかどうかも大きいだろう。出版社を辞めて自分の会社を興した人は多いけれども、たいていは40代までで、定年まで勤め上げてという人は珍しい。羽鳥和芳さんはその珍しいひとりだ。

羽鳥さんは2009年の3月まで東京大学出版会に勤めていた。

「1971年、22歳で学校を出てすぐ入って、38年間ずっと東大出版会にいました。どこにもいかずに。いや、2度か3度、こないかと声をかけられたこともあったかな。でもいかなかった。だから辞めるときはいちばんの古株でした。再雇用制度もあるんだけど、そうなるといままでみたいに偉そうにしているわけにもいかないし」

こういって羽鳥さんは笑う。偉そうにしている彼を想像できない。おだやかで、にこやかで、どんな相手にもていねいに話す。

欧米、とりわけ英米では大学の出版部の活動が活発だ。一般の出版社は寡占化が進んでマイナーな本を出しにくくなっているが、そのぶん営利を追求しない大学出版部が積極的にフォローしている。日本では東大出版会や法政大学出版局、そして文化出版局がよく知られている。最近は東京外国語大学出版会なども力を入れるようになってきた。

東京大学出版会は1951年、当時の南原繁総長の発案でスタートした。国立大学としてははじめての出版部である。出版会の会長には東大総長がつき、オフィスも東大の駒場キャンパス内にあるが、独立採算制で、東大とはほどよい距離を保っている。東大の教員と太いパイプがあるから、いわゆるコンテンツには不自由しないし、もちろん東大教員以外の著者と本をつくることもできる。そして「東大」は最強のブランドだ。2015年の年間発行点数は125点、従業員数36名というから、けっこうな所帯である。

大学の出版部、それも東大のというと硬いイメージがあるが、羽鳥さんによると、自分の担当分野の仕事さえしっかりやっていれば何をやってもいいアナーキーな社風（会風か？）があるという。羽鳥さんは法律書を担当する編集者として出版会に採用され、定年まで法律書をつくり続けたが、つくった本は法律書だけでなかった。学部でいえば法学部だけでなく教養学部の教員たちとも仕事をするようになった。その大きなきっかけとなったのが『知の技法』（1994年）だった。

『知の技法』は文系1年生が履修する必修科目「基礎演習」のテキストで、資料の集め方や論文の書き方、発表の方法をはじめ、学問や研究の面白さを解説した本である。小林康夫、船曳建夫をはじめ、柴田元幸や小森陽一、松浦寿輝、長谷川寿一ら、当時の東大のスター教授たちが執筆していて、大学出版部の書籍としては異例の大ベストセラーになった。以来、羽鳥さんは法律書の他にもさまざまなジャンルの本を手がけるようになった。

一方、羽鳥さんが得意とする法律書は安定して売れ続けるジャンルだ。

「司法試験の受験生が必ず読む本があります。しかも、民法はこの先生の本、刑法はこの先生の本というふうに細かく分かれている。彼らに読まれる法律の本は年に何万と売れます」と羽鳥さんはいう。実際、彼が羽鳥書店で刊行した木村草太『憲法の急所』は、毎年コンスタントに売れ続け、版を重ねている。

「学術書の場合は補助金がつくこともありますし、価格もあまり気にせず本をつくれます。なぜなら、学者は研究のために読まなければならない本は、たとえそれが1万円でも買ってくれますから。出版界ではみなさん出版不況だといいますが、私は不況だと思っていません。いまを出版不況というのなら、そもそも出版好況なんて時期はあったのだろうか。雑誌は景気に左右されますが、単行本、ましてや学術書なんて好景気だからといってそんなに売れるものではない。逆にいうと学術出版は安定していて商売として楽なんですよ。ただし、大手の出版社のような給料を求めない限りは。出版不況なんていうのは、企画を出せない編集者の言い訳です」

羽鳥さんが自分の出版社をはじめた理由は、本づくりが楽しいからということにつきる。定年になったからといって編集をやめたくなかった。とはいえ東大出版会にい続けて雇用身分と肩書きが変わるのはなにかと不自由だし、他社に移ったりプロダクションをつくって下請け仕事をするのも全く気がすすまない。自由にやるには自分で会社をつくるしかない、そう彼は考えた。

出版社は設備投資をしなくていいので、元手もたいしていらない。羽鳥さんは退職金をもとに羽鳥書店をはじめた。一攫千金を夢見るとか会社を大きくしていこうと思ったのでもない。出したい本を好きなように出すために自分の出版社をつくった。一時は5人体制だったこともあるが、現在のメンバーは羽鳥さんも含めて3人。羽鳥さんのほか編集者の矢吹有鼓さんと営業の糸日谷智さんがいる。

矢吹さんは東大出版会の同僚で、羽鳥さんと10年近く一緒に仕事をしてきた編集者である。営業の糸日谷さんは東大生協の職員だった。

まず矢吹さんの参加が決まり、営業担当者も必要だと考えて、糸日谷さんに相談した。

矢吹さんを引き抜いたうえに営業担当者まで東大出版会からというのはまずいだろうと思ったし、顔の広い糸日谷さんなら誰かを紹介してくれるだろうと期待したのだ。

「それと、もうひとつ、トランスビュー方式でやれないかと思っていたので、トランスビューの工藤さんを紹介してくれないかと糸日谷にいいました。糸日谷は一緒に工藤さんと会ってくれたんですが、工藤さんに説明する私の話を横で聞いていてだんだん心配になったのか、一緒にやってもいいといってくれました」

大学生協の職員はたいてい大学生協連という組織に属していて、各大学生協の店舗や本部などに勤務する。店舗間の人事異動もある。最近の学生は経済的な余裕がなくて本をあまり買えないし、教員の研究費や図書館の資料予算も削減されがちだから、大学生協の経営もけっこう厳しくなりつつあるのだが、それでも一般の書店に比べれば労働環境などははるかに恵まれている。羽鳥さんとしては、糸日谷さんの申し出にありがたいと感謝しつつも、糸日谷さんの長期的な人生設計を考えると、ほんとうにそれでいいのかという思いもあった。それで「矢吹もまじえて一度ゆっくり話をしよう」と糸日谷さんを誘った。

「ところが、ほとんど私が面接されるみたいに、会社をつくるのにあたって借金はないだろうなとか、企画はなにがあるんだとか、いろいろ聞かれて。これはさすがだと思った」

と羽鳥さんは振り返る。

03

羽鳥書店の場合

こうして羽鳥書店はスタートした。

羽鳥書店という会社名がシンプルでいい。岩波茂雄がつくったから岩波書店、角川源義がつくったから角川書店、藤原良雄がつくったから藤原書店というように。

もちろん会社名をつけるにあたって、羽鳥さんもあれこれ考えたのだが、これといって妙案は思いつかなかった。「羽鳥商店は」というと、矢吹さんは「まじめに考えましょうよ」といった。東大出版会のころからつきあいのある高山宏氏は、「羽鳥商店じゃ、なんだか乾物屋みたいだな」といった。

ところが糸日谷さんは「読者に社名は関係ありません」という。さすが大学生協で読者と接していただけある。私も書店勤務の経験があるのでよくわかるが、ほとんどの読者は出版社の名前を意識していない。出版社名が大事なのは書店（と取次）にとってだけだ。「羽鳥とつけば、いままでつき合いのあった人は、あいつが出版社をつくったと思うんじゃないか」という人もいた。それでシンプルに羽鳥書店とした。

断られてもともとと、原研哉氏をたずね、「新しい出版社をつくるんですが、ロゴと、できればマークもデザインしていただけないでしょうか」というと、あっさりと引き受けてくれた。シンプルで美しいロゴとマークだ。そのとき原氏にも「羽鳥書店という名前はどうですか」と意見を聞くと、「気負っていなくていいと思いますよ」と原氏はいった。

会社の名前に凝ってもしょうがない。肝心なのは出す本だ。

東大出版会出身なので学術書専門のようなイメージがあるが、長谷部恭男氏の『憲法入門』や木村草太『憲法の急所』など法律の専門書だけでなく、山口晃氏のエッセイ漫画『すゞしろ日記』や蓮實重彥『「ボヴァリー夫人」拾遺』など、幅広いジャンルの本を刊行している。アート関係も出版目録の重要な柱のひとつだ。

「これという専門分野もなく、わけのわからない本を出していますから、営業の糸日谷には苦労をかけてもうしわけない」と羽鳥さんはいう。それに対して糸日谷さんは、「営業はできた本を売るのが仕事」と淡々と返す。

専門分野もなくというが、さまざまなジャンルの本を横断的に刊行していくのは、会社をつくるときから考えていたことだ。

最初に出したのは、長谷部恭男氏の論文集『憲法の境界』と高山宏『かたち三昧』、そして『すゞしろ日記』の3冊だった。法律書、文化史、そして芸術家のエッセイ漫画。見事にジャンルが分散している。

「東大出版会で法律書をずっと編集してきて、それはそれでやりがいもあるのだけれど、でも美術書もやりたかったし、他のジャンルの本もやりたかった。そうそう、山口晃さんの最初の作品集は東大出版会から出して、そのときはいまほど有名ではなかったから、企画を通すのが大変でした」と羽鳥さんはいう。

04年に『山口晃作品集』を東大出版会で出したとき、羽鳥さんはけっこう苦労した。そのころ山口氏は現代美術ファンのあいだでこそ注目されつつあったが、まだ一般的な知名度はなかったし、美術家の作品集は大学出版会となじまないのではないかという意見もあった。ようするに前例がなかったのだ。ところがこの作品集が出るのと合わせるようにして山口氏は急速にメジャーになっていく。リニューアルした日本橋三越本店の包装紙を手がけ、三越での展覧会も開催された。

『すゞしろ日記』は、東大出版会のPR誌、『UP』の連載をもとにしたもの。これを担当したのも羽鳥さんだった。『UP』の誌面改革を迫られた際、羽鳥さんがこの雑誌を担当するといって手を挙げた。

「若い人にまかせたらその人の負担になるだろうし、好きにやらせてくれるならやってもいいよと引き受けました。書評欄をつくりたかったんですよ。PR誌ですから、東大出版会の本はわざわざ書評しなくてもいい。書評って、新聞や雑誌のは短いし、学会誌とかは難しくてなんだかわからない。そこで、新刊既刊を問わず、何を書評するかじゃなくて、誰が書評するかを重視した誌面にしました。そのとき目玉ページがほしいと思って、山口さんに、1ページ提供しますから、好きな絵を描くなり何なりしてくださいといってはじまったのが『すゞしろ日記』です」

『すゞしろ日記』は現在も『ＵＰ』で連載中で、羽鳥さんと矢吹さんが山口氏から原稿を受け取り、東大出版会に運んでいる。最近は遅筆に磨きがかかり、編集者や印刷関係者の心労はつのるばかりだという。

ところで、羽鳥さんの話を注意深く聞いていると、ときどき主語が欠落することに気づく。とくに、「私が編集した」「私がつくった」といわない。「私が」「オレが」ともいわない。たぶん無意識なのだろうが。

「編集者の財産は著者とのつながりだと思うんですね」と羽鳥さんはいう。

羽鳥さんの定年が近づいてきたとき、何人かの著者は心配して「どうするのか」とたずねた。彼が独立創業の意思があるというと、積極的に協力を申し出てくれた。著者の多くは東大出版会のころから引き続きつきあいがある。本が何冊売れるか、印税がいくら入るか、ということだけを考えたら、東大出版会で出版した方がたくさん売れるかもしれないし、収入も多いかもしれない。しかし、まだどうなるのかわからない羽鳥書店から出すことに賛成してくれる著者がたくさんいた。

ときどき散歩のついでに羽鳥書店のオフィスを覗いていく東大の教員・元教員がいる。「おお、まだつぶれずに続いていたか」なんて声をかけていく。羽鳥さんは「憎まれ口を叩く暇があったら、はやく原稿を持ってきてください」と催促する。

会社設立にあたっては、トランスビューの工藤氏に話を聞いたぐらいで、とくにリサーチらしいリサーチはしなかった。書店と直取引でやっていく心づもりだったからだ。ところが糸日谷さんが書店を回って意見を聞くと、直取引は面倒くさいという声が意外と多かった。また、直取引でやっている出版社は、そのため書店営業に多くの人を置いていることもわかった。羽鳥書店にその余裕はない。そこで、直取引はやめて、取次ルートを使おうと考えた。大手の取次は新規出版社とはなかなか口座を開かないと聞いていたので、東大出版会の営業責任者に同行を頼みトーハンと日販、そして大阪屋を回った。

どこも口座開設はしてくれるという。しかし条件は正味67の歩戻し5。つまり委託配本は定価の62%が卸値だという。羽鳥さんは「それなら、けっこうです」と断ってしまった。それと前後して、八木書店と口座ができていたし、明文図書、大学図書とも取引をはじめていた。とくに大学図書は、東大出版会で売れる法律書をよくつくっていた羽鳥が自分の出版社をはじめたと聞きつけ、向こうから取引を申し出てくれた（その後、明文図書は13年7月に廃業）。

大手の取次と交渉して羽鳥さんが呆れたことのひとつは、どんな本を出そうとしているのかという企画内容についての質問がまったく出なかったことだ。聞かれるのはお金のことばかりだった。運転資金は潤沢なのか、ちゃんと事業を継続していけるのか。羽鳥さんがこれまで東大出版会でつくってきた本のことや、羽鳥書店での出版計画について説明しようとしても、彼らはほとんど関心を見せなかった。

「取次にしてみれば、取引を開始したもののすぐ倒産してしまったら困るということでしょう。それはわかるんですが、それにしてもと思います。そのうえ、返品が多いだろうから歩戻し5％が条件だという。それなら取引していただかなくてもけっこうですとお断りしました」

しかし2009年の暮れになって、日販から連絡が来る。「これまで様子を見させていただきました。ちょっとご相談したいことが」というのだ。春に提示した条件を変えてもいいという。羽鳥が「八木書店と同じ条件でよければ」というと、日販はそれに近いところで条件を飲んだ。大阪屋もそれに準じた。ならばトーハンも条件を変えるだろうと思ってトーハンに行くと、トーハンの担当者は「上がOKを出さないので、条件は変えられない」という。いまもトーハンとは取引していない。

もっとも、大阪屋は覚書を交わすときになって、窓口担当者が「上司が保証金を出せといっている」と連絡してきた。羽鳥さんは怒って、「ちょっと待ってくれ。覚書を交わす段階になって、どういうことだ。あなたにとっては大した金額ではないのかもしれないが、われわれにとっては大きい。こんな大事なことをどうしていまになっていうんだ。もういちど話し合わせてくれ」といった。

すると大阪屋の担当者は、返品があるからその保証金が必要なのだという。羽鳥書店の返品率を知ってのことなのかと聞くと、把握していないという。羽鳥書店の返品率は10％未満（当時）である。業界の平均である約40％よりはるかに低い。羽鳥さんがそう告げると、大阪屋の担当者は絶句していた。結局、保証金の要求を取り下げた。

「大事なことは覚書で明らかにすべきです。たしかに口座開設は契約ではないし、対等でもないのだけど、それにしても口頭ですませる話ではない」と羽鳥さんは、業界慣行のおかしさを指摘する。

「出版という文化は続くと思うんですが、出版業界はジリ貧だと感じましたね。だって、面白いことをやりそうな出版社だと思えば取引してくれればいいのに、事業の中身を知ろうともしないで、他社と横並びの条件にしようとする」

取次の社員はリスクを恐れる。自分が口座開設をOKした出版社が倒産したら、責任を問われるからだ。だが、出版というビジネスは、うまくいくこともあれば失敗することもある。いまは大きくなっている出版社でも、社史をたどるといくつかの幸運が重なってたまたま成功したということが少なくない。逆のことは倒産したり解散したりした会社にもいえるだろう。できるだけリスクを回避しようと石橋を叩いてばかりいるので、誰も橋を渡らなくなり、出版界は活力を失ってしまった。この20年間、新刊市場は収縮するばかりだが、こうなった理由のひとつは、冒険を恐れ、新規参入のハードルを上げてきた取次の体質にある。

羽鳥書店の誕生は、日経新聞や朝日新聞でも取り上げられた。書店の仕入れ担当者なら記事を読んで注目しただろうし、羽鳥書店の本を並べたいと考えただろう。もしかすると、日販はそうした声に押されたのかもしれない。

「日経新聞の記事を書いたのは面識のない記者でした。大学出版部に関心を持っていて、東大出版会を取材したこともあったそうです。出版会を定年で辞めた男が出版社をはじめる、そいつは『知の技法』や『民法』を担当した男だ、というので取材に来てくださいました。朝日新聞も書いてくれて、ありがたかった。創業1年目、メディアはどこもみんなやさしいと感じました。『かたち三昧』も『憲法の境界』も新聞に書評がでました」

東大出版会でつちかわれたつながりが財産となっているのは著者やデザイナーだけではない。印刷会社や製本会社も東大出版会から継続して取引している。それも精興社や研究社印刷、大日本法令印刷、サンエムカラーなど、どこも一流の会社である。

「会社をはじめると、印刷会社の人がずいぶん営業に来ました。でもね、みんな、『安くする』としかいわないんですよ。うちで出した本を勝手に見積もって『見てくれ』といったり。でも、うちはクオリティを大切にしていますから」

新興の小さな出版社がおちいりがちなことのひとつが、印刷や製本を安くすませようとして、結果的に安かろう悪かろうになってしまうことだ。「多少、印刷や紙質が悪くても、本で大事なのは中身だから」などという人もいるが、読者にとっては、出版社が大手か零細かなんて関係ないし、本の内容だけで買うとは限らない。たとえ1000円でも2000円でも、ふつうの人は本を買うときシビアになる。チープな造本では購入意欲が失せる。こうした感覚は出版業界に長くいると鈍くなってしまう。「仕事に必要だから」と、造本が多少安っぽくても買ってしまう。

「モノとしての本の側面も大切にしたい」という羽鳥さんの言葉に同意する。

「本は1点1点が違うものです。だから、紙もデザイナーと相談して選びます。写真集や画集はきれいにつくらなければ本にする意味がないと思う。装丁もそうですし、印刷も製本も妥協したくない。印刷代をけちって定価を安くしたら本が売れるかといったら、そうではないわけですし。むしろ、これだったら信頼できるとか、自宅の本棚においておきたいと感じてもらえるほうがいいと思うんですよね」

デザイナーということでいうと、羽鳥書店の目録には装丁者の名前が載っている。こうした出版社はめずらしい。羽鳥書店がいかにデザインを重視し、デザイナーを尊重しているかのあらわれでもある。原研哉、有山達也、白井敬尚ら、日本を代表するブックデザイナーの名前が並んでいる。

羽鳥書店のロゴとマークをデザインした原研哉氏とは、西野嘉章編『ONE HUNDRED STONEWARES 百石譜』を東大出版会でつくったときに縁ができた。東京大学総合研究博物館が所蔵する石器を撮った写真集だ。また、その後、山階鳥類研究所の標本を撮った秋篠宮文仁＋西野嘉章編『BIOSOPHIA of BIRDS 鳥のビオソフィア』でも、原氏と仕事をした。この2冊の豪華な本で写真を撮ったのが上田義彦氏である。

２０１５年の春、羽鳥書店は上田義彦氏の写真集、『A Life with Camera』を刊行した。６００ページもの大型（A４変形）で、30年あまりの上田氏の仕事の集大成ともいうべき作品集だ。デザインは中島英樹氏。編集は上田氏と中島氏に菅付雅信氏が加わった。「社運を賭けた」というこの本を前に、羽鳥さんは「いいでしょう?」と何度もいう。我が子を自慢する親のようだ。

「上田さんの写真、いいなと思っていて。上田さんは広告写真もやっているけど、毎年個展を開いて、独自の作品集もつくってきた人です。彼は〈作品〉といういいかたをしますが、この本には〈作品〉と商業写真、そして『at Home』という作品集にもなった家族の写真など30年間の写真が入っています。まず上田さんが自分で選んで、最初の粗整理には菅付さんにもかかわっていただき、最後は上田さんと中島英樹さんとでどういう順番で何を選ぶかを決めました。菅付さんのおかげで、ハンス・ウルリッヒ・オブリストさんのテキストも入りました。いいでしょう？　印刷はサンエムカラーという京都の印刷所です。東大出版会で博物館の写真集をやったとき、原研哉さんから、印刷所はサンエムカラーにしてくれといわれたのが、つきあいのはじまりです。それが原さんの条件だった。そうしたらすごくよくて。校正などで京都の工場に行くと、びっくりしますよ。現場の人たちが自由にものをいって、楽しそうに仕事をしている。いまは相談役になった、オーナーで元社長が、とにかく現場が大好きで、よその印刷所ができないというものをうちではやるんだといいます。デザイナーが無理難題をいうと、はりきってしまう」

『A Life with Camera』は本紙校正で三校までとった。つまり、商品にするのと同じ紙を使って三度も校正をした。都内にある上田氏の事務所で校正作業をするときは、サンエムカラー東京事務所の責任者と担当者、京都の本社からオーナーとプリンティングディレクターの4人が来た。デザイナーの中島英樹氏とアシスタントも加わり、600ページを長い時間かけてチェックしていく。いまこれほどまでに手間暇かけた本づくりをしている出版社はあるだろうか。もちろん手間暇はコストに直結する。

羽鳥書店の本は高額なものが多い。上田義彦写真集のほかにも、たとえば磯江毅氏の画集『深い眠り』は4500円、「ウルトラ」シリーズで知られる美術家、成田亨氏の『成田亨作品集』は50000円だ。

「5000円は安くないけれど、成田亨が今まで出してきた本はいま絶版で、古本屋で2万円も3万円もしています。これだけ作品が入っていて5000円はむしろ安いともいえる。高い／安いって、誰にとってのものだろう。本というものは、そうだと思うんですよね。写真集なんて、関心がなければ安くても買わないわけですから」

その一方で『防災かあさん』（みんなの防災部）のように、B6判並製216ページ、オールカラーで900円という、信じられないぐらい安く値づけした本もある。

そもそもは「助け合いジャパン」という、東日本大震災復興支援情報サイトでの情報がこの本のもとになった。サイトだけでなく紙の本のかたちに、という声があり、相談を受けた羽鳥さんが刊行を決意した本である。想定読者は母親たち。1000円以上だと買ってもらえないだろうと羽鳥さんは考えた。900円にするために初版は1万部にした。

仙台市でおこなわれた第3回国連防災会議に連動したコンベンションにもブースを開いて展示した。静岡県富士市からは40冊の注文があった。仙台まで出かけて900円の本が40冊では交通費にもならないが、しかし、それでいいのだ、そこから広がっていけばいいのだ、と羽鳥さんはいう。

羽鳥さんは『防災かあさん』をある出版界の集まりに持っていったのだという。そのとき、「なぜこの本を出すのか」という質問はまったくなく、話題はもっぱら900円という値段だけだった。「やっぱりな、と思った」と羽鳥さんはいう。取次の口座開設窓口の担当者が、羽鳥書店が出そうとしている本の内容ではなく、もっぱらどれだけお金を持っているのかに関心が集中したのと似た話だ。出版社も流通関係者も、本の内容には関心がないのかもしれない。

私が「羽鳥書店というと、東大出版会を辞めた人が、硬くて地味な本をコツコツと出している、というイメージでしたが、ずいぶん違いますね。いろんな本を出しているし、ときにはギャンブルもする」というと、羽鳥さんは次のようにいった。

「私はコツコツと硬い本を出す。基本はそうなんですけど、いまこれが必要だろうとか、上田さんが30年撮ってきた集大成をうちで出してもいいといってくれるならありがたいとか、いろんな動機がありますね。やっぱり、あの人の本が出せるとか、あの人と一緒に仕事ができるとか、出版社冥利につきます。売れなかったらどうしようってあまり考えなくて、考えるのは何を出したいか。出版社には企画会議があるでしょう？　あれでだいたいつまんない企画になってくる」

コストのことを考えないわけではない。だが優先順位が違うと羽鳥さんはいう。コストを優先すると本が貧相になり、読者は購買意欲が減退する。悪循環だ。

「若いデザイナーに会うと、仕事が減っているとか、サンエムカラーなんて手がでない、といいます。つまり遠方まで出張校正に行くとか、打合せに行くなんてありえないっていうんですよ。出版社に予算がないから。だけど、サンエムカラーという印刷所でないとできない本があるんだからしょうがないじゃない。コストがかかっているから1万8千円になりましたけども、でも、上田さんの写真が好きな人だったら納得してくれるんじゃないかと思うんですよね」

『A Life with Camera』の初版は1500部だ。1000部で計算すると2万5000円になってしまう。1万8000円ではなく1万6000円にすると、こんどは重版が難しくなる。1万8000円は初版1500部で500部重版できる数字だ。もちろん本が売れるかどうかは出してみないとわからない。「こうしたい」「こうなれば」という予測と希望をまじえた数字であるけれども、けっしてコスト度外視でとんでもない本をつくっているわけではない。『A Life with Camera』は1年で完売、『防災かあさん』は地道に売り伸ばしている。

「私はギャンブラーじゃなくて、ひとつひとつちゃんと売れると確信を持ってやっている」と羽鳥さんはいう。

case
04

悟空出版の場合

GOKU SHUPPAN

40年編集者をやってきて、それなりにやってきたつもりだし、自信がないからできませんとはいえない。受けざるをえないでしょ

―― 佐藤幸一さん

悟空出版

ジョルダンといえば、スマートフォンのアプリ「乗換案内」で知られるＩＴ企業。悟空出版がその子会社としてスタートしたのは２０１４年7月だった。

株式会社悟空出版の佐藤幸一社長は、その直前まで小学館に編集者として勤務していた。75年に慶應大学法学部政治学科を卒業して小学館に入社した。最初に配属されたのが『週刊ポスト』で、のちに『サピオ』に異動。その後、書籍の編集部に移り、最後は新書の責任者だった。08年に創刊された小学館１０１新書は、５周年の13年秋に小学館新書と名前をかえてカバーも一新したが、リニューアルを断行したのが佐藤さんだった。

佐藤さんは『サピオ』でも小学館新書でも、タカ派的な企画を多く手がけてきたことで知られる（彼は「保守派」と呼ぶ）。左翼の私とは、思想的には正反対に位置する。佐藤さんによると、小学館のトイレに「極右佐藤、死ね」という落書きをされたこともあったという。

退職する前、いくつかの出版社から再就職の誘いがあった。佐藤さん自身、肉体的にも精神的にも自信があったので、まだまだ現役で仕事を続けるつもりだった。実際、彼は若々しくエネルギッシュで、10歳は若く見える。

退職後の選択肢はいくつかあった。誘ってくれた出版社に移るか、再雇用で小学館にとどまるか、あるいはフリーランスの編集者としてやっていくか。ジョルダンから声がかかったのはそんなときだった。

ジョルダンは「乗換案内」はじめ交通や旅行、グルメなどのWebサービスのほか、パッケージソフトの開発・販売やシステム設計、旅行業などさまざまな事業をおこなっている。ジョルダンのサイトには「小さな会社の集まりでありたい」という表題で次のような文章がある。

〈組織としては「連立小会社的中会社」を基本戦略とし、数人から10人程度の「小会社」ごとの責任の明確化を図るとともに、組織の柔軟性・機動性を高め、素早い展開を可能にする。また、より独自性を持って機動的に動くためには、状況に応じて、出資等による子会社の取得、子会社・関連会社の設立、パートナー企業との資本提携等を行い、事業展開の速度を上げていく〉

前身の株式会社ジョルダン情報サービスの設立が79年というから、この分野の会社としては古参である。ジョルダン株式会社への社名変更が89年、大証へラクレス市場への上場が03年。13年にはJASDAQに上場している。資本金は3億円近い。

ジョルダンは「ジョルダンブックス」というレーベルで出版もおこなっていて、論壇誌『表現者』の発売元にもなっていたことがある。当初、ジョルダン側は佐藤さんをジョルダンブックスの編集責任者として迎えたかったようだが、話し合いをするうちに、ゼロから出版社を立ち上げようということになった。払込資本金４０００万円のうち３６００万円をジョルダンが、４００万円を佐藤さんが負担した。オフィスはジョルダン本社近くの、新宿御苑のビルにある。ここは彼の母校、新宿高校の近くでもある。

なぜ小学館での再雇用や他社からの誘いを断り、自分も一部出資してまで出版社を興そうと思ったのか。日本の新刊市場が20年近く収縮し続けていることは、小学館にいて熟知している。彼が小学館で編集者としてすごした約40年の人生のうち、前半は業界が右肩上がりの成長を続け、働き盛りのころは好景気だった。しかし後半はひたすら坂を下り続けた。出版科学研究所の統計データを見ると、彼が小学館に入社した75年の新刊書の推定販売部数は６億３２２２万冊で、ピークが88年の９億４３７９万冊。そして２０１５年は６億２６３３万冊。ちょうど振り出しに戻った。

経済状況を見ても、人口動向を見ても、あるいはメディアにおける出版物の状況を見ても、出版ビジネスに展望が見出せないことは彼もよくわかっている。それでもあえて社長として小さな出版社をはじめるという冒険を選んだのは、新宿高校の漢文の授業で教わった「為鶏口無為牛後」という言葉を思い出したからだ。鶏口となるも牛後となるなかれ。『史記』の「蘇秦伝」に出てくる言葉だ。

「出版社をやってみてよといわれて、いや、無理ですと逃げるわけにいかないなと思ったんですよね。40年編集者をやってきて、それなりにやってきたつもりだし、自信がないからできませんとはいえない。受けざるをえないでしょ」と佐藤さんは話す。

もちろん小学館で再雇用されて週に3日校正の仕事をするのが牛後だというわけではない。それも本づくり雑誌づくりには欠かせない重要な仕事だとわかっている。だが、新しい出版社づくりを頼まれれば、いやとはいえない。

もっとも、キャリア40年とはいえ、小学館のような大組織となると仕事は細かく分業化されていて、編集一筋でやってきた彼には見えなかった部分もたくさんある。たとえば著者と契約を交わすにしても、小学館なら法務室に必要事項を伝えれば1週間後には契約書ができてきていた。悟空出版では多くのことをひとりでやらなければならない。大出版社の編集長と小出版社の社長とではずいぶん違う。

「違いますね。違うということを日々感じています。ある人にいわれたけど、これまでは大出版社病の患者みたいなものです。これがあたりまえだという大出版社の意識から抜け出して、実態に則してやらなきゃいけない。ただいまリハビリ中」と笑う。

悟空出版を立ち上げるにあたって、佐藤さんは飛鳥新社の土井尚道氏やワックの鈴木隆一氏に会いにいった。土井氏は小学館で雑誌『GORO』の編集者だったが、退社して78年に飛鳥新社をはじめ、ベストセラーを生み出す中堅出版社に育て上げた。鈴木氏は雑誌記者、編集者を経てワックを創業、『Ｗ・ｉＬＬ』、『歴史通』という雑誌や話題の書籍を刊行してきた。そのほかさまざまな人の話を聞いてじっくり考えて出した佐藤さんの結論は、とにかく身軽にするということだった。

「そこでぼくはどうしたかというと、ずっとつきあってきたフリーのエディターとか編集プロダクションとか、一緒にできると思う人たちに声をかけた。彼らに、社員という立場ではなくて、それぞれ他の仕事もやりつつ、一緒にやってもらうことにしました。そのかわり本が売れれば編集委託費だけでなく印税も支払います。それならお互いにハッピーな関係ができるんじゃないだろうか。この出版不況の中では、こういうふうにしないと出版社はテイクオフできないと思います」

エンジンが小さいのだから、機体も軽くする。弱小出版社のビジネスモデルとしてはこれしかないと佐藤さんはいう。社員数は最小限の2、3人にして、スタッフは総勢10人ぐらい。販売や宣伝は小学館の元販売部長や元広告担当役員が顧問として手伝っている。

悟空出版という社名は、こうして集まったスタッフみんなで考えた。50個ぐらいの候補を並べ、「横文字はやめよう」とか、「インパクトのある名前に」など、さまざまな意見が出て、悟空出版になった。孫悟空の悟空であり、空を悟るという意味でもある。

「空を悟りたいんだけど、ついつい暴れちゃう、いくつになっても、というような」と佐藤さんはいう。

取次は日販、トーハンをはじめ、大手・中堅の総合取次すべてと取引している。これも小学館の元販売部長の尽力でなんとかアカウントを開くことができた。

もっとも、取引条件などはすべて他の新興出版社と同じ。つまり小学館とは大違いだ。

「驚いたというよりも、小学館にいたときは自分がつくる本の条件すら知らなかった。もちろん数字は聞いたことがある。でも、その数字がとても大きな問題だと感じてはいなかった」と佐藤さんはいう。

たとえば小学館や講談社など老舗の大手出版社は、本が発売された翌月には全額が支払われる。本体価格1000円の本を1万部、取次に正味（卸値）70％で卸したとすると、700万円が取次から出版社に支払われる。ただし、返品分はのちに精算されるのではあるが。ところが新興の出版社は支払いはもっとあとになる。個々の契約によって細かい部分は異なるが、たとえば書店からの注文分のうちの7割が翌々月払いで、委託配本分は6か月後払い、ただしその何割かは保留されて、と分割払いのようになる。印刷会社、製本会社、著者への支払いは取次からの入金よりも先になるから、新興の出版社にとっては資金繰りが大きな課題となる。

大手と新興の小出版社では、配本できる数も違う。小学館にいたときは、初版が1万部なら、まずはそのうち7千部を取次で配本しようと考える。「しよう」と発言するのは販売部で、それを聞く佐藤さんは「しよう」イコール「できる」だと思っていた。ところが悟空出版だとそうはいかなかった。本ができたので取次に搬入しようとする。しかし、これができない。出版社の希望通りには取次は仕入れてくれない。

「もう電話しまくりですよ、書店に。電話で注文を取らないと。注文を取れば、取次はその2倍ぐらいは仕入れてくれるんです。ものによっては1・5倍ぐらいしか取ってくれないこともありますが」

出版界は冒険を許さない構造になっている。無名の出版社が無名の著者による類例のない企画の本を出しても、取次はたくさんの量を仕入れて配本しようとしない。配本するために書店から注文を取るのだが、無名の著者、斬新なテーマの本は、書店も積極的に注文しようとしない。

「悟空出版の名前がだんだん浸透していって、あそこが出す本はそこそこ売れると思ってもらえればいいんだけど、そこまでいくのが大変ですね」

佐藤さんはこうした現実に直面して、自分が大出版社病におかされていたことを痛感したのだという。

04

悟空出版の場合

佐藤さんが痛感した大出版社病というのは、著者との関係においても同じだ。彼が出版社をつくるというと、それまでつきあいのあった多くの著者は、喜んで助力するといってくれた。佐藤さんの頭の中の出版ラインナップにもその著者の名前があった。しかし激励してくれる著者の笑顔の向こうに、「小学館で出せば3万部売れるだろうが、悟空出版ではどれくらい売れるだろう」という不安やあきらめがあるかもしれないと彼はおもんぱかる。それで食べている著者にとっては切実なことだからだ。

部数だけではない。印税率にしても印税の算定方法にしても、大手と同じようにはいかない。業界で標準的な印税率は10%で、ベストセラー作家が書き下ろす場合はもっと高率の場合もある。しかも発行部数をもとに計算する。だが小さな出版社にそれは難しいと佐藤はいう。とくに発行部数印税は返品リスクを出版社だけが抱えることになるのできつい。実売をもとにした印税にしたいのだけれども、それを著者に伝えるのもつらい。

「小学館時代、ぼくらの頭に、実売印税方式はほとんどなかった。だからいまでも、著者に申し訳ないんだ、という気持ちがあるのがよくないのかもしれない」と佐藤さんはいう。

だが著者の側からすると、同じクオリティの作品を書き、担当編集者も同じで、小学館から出したときは印税率も高く、発行部数も多かったのに、悟空出版では印税率が下がり算出方法も発行部数から返品を引いた実売部数に変わって、受け取る印税額が大幅に減ってしまうとなると、それが1回、2回ならともかく、これからもつきあいを継続していいかどうか迷うところだろう。著者にも生活はあるのだから。

知名度の低い小さな出版社にとって、営業とプロモーションも課題となる。悟空出版では小学館の元販売部長を中心に、取次と書店への営業を地道におこなっている。毎日、書店を回って注文を取り、毎週の会議で状況を報告する。しかし経費の予算も限られているので、首都圏中心にならざるを得ない。なかなか地方の書店までは手が回らない。

書店に向けてファックスによる近刊案内は送っているが、すべてが受注に結びつくわけではない。送った書店のうち半分しか反応がないこともある。反応のない書店に電話をすると、もういちどファックスを送って欲しいといわれる。つまり書店はあまりにも忙しく、近刊案内のファックスも各社から大量に届くので、読まれることなく埋もれてしまうのだ。ファックスして、電話して、再度ファックスして、ということを繰り返す。

「こういうことは予想外というか、悟空出版をつくってみてはじめて知りました。小学館で40年編集をやってきたけれども、出版社には販売もあるし制作も宣伝も経理もあるという、あたりまえのことを身にしみて感じています。これはたいへんではあるのだけど、面白くもある。いままで知らなかったことをやる面白さがありますよね。企画だって、ぼくひとりだったら思いつかないようなアイデアが出てくる」

佐藤さんの話を聞いていて、大手の老舗出版社と小さな新興出版社とでは、さまざまな面で格差が存在するのを実感する。しかもそれぞれの格差は、取次、書店、読者、著者という当事者の側からすると、それなりの根拠がある。たとえば取次は大手・老舗を優遇し、零細な新興出版社に冷淡なように見えるが、大手から出る本のほうが確実な売上が見込めてリスクも少ないという現実がある。大手は知名度のある著者の本を大量の宣伝費を使って売ることができる。書店にしても、棚の効率や商品回転率を重視すると、より売れる本、売りやすい本を優遇する。著者にとっても、大手から出すほうが収入は多くなるうえ、雑誌連載→単行本→文庫というサイクルも期待できる。

人口が増え、市場も拡大しているときは、こうした状況でも新しい出版社が参入し、伸びていく余地があった。だが人口減少・市場収縮の時代になると、こうした状況を放置しておけば、優勝劣敗と格差の拡大が進むばかりだ。淘汰が進んで大手だけが生き残ったほうがいい、という意見もないわけではない。ある大手書店チェーンの幹部は（酒の席での発言ではあったけれども）、出版社が淘汰再編されたほうが書店の仕事は楽になるといっていた。売上は落ちているのに仕事量が増え続けている書店現場の悲鳴とも聞こえる。

だが誰もが失敗を恐れ、損をしたくないと、より確実なものばかり求めるようになったら、それは本や雑誌の魅力を失わせるだろう。人は危ないもの、きわどいものに引き寄せられる。そのことを裏づけているのが出版の歴史だ。安全確実なものだけでなく、型破りなもの、新しいものにも賭けていくアドベンチャー精神、フロンティアスピリットが、取次にも書店にも求められている。

case
05

ブックエンドの場合

BOOKEND

書店はやっぱり男の世界ですよ。とても入っていけない。私たちは私たちのマーケットをつくりながらやっていかなければならない

——藤元由記子さん

BOOKEND

ブックエンドのオフィスはアーツ千代田3331（3331 Arts Chiyoda）の中にある。アーツ千代田3331をひとことで説明するのは難しい。アートセンターと呼ばれる施設であるが、じゃあアートセンターってなんだ。建物はかつて中学校だったもの。その中にギャラリーやホール、オフィス、スタジオ、カフェ、ショップなどが入っている。展覧会やワークショップ、講演会などが開催されるだけでなく、アーティストのオフィスやブックエンドのような企業のオフィスなども入居している。

施設名に「千代田」と入っていることからわかるように、千代田区文化芸術プランのひとつで、区が公募で選定した「合同会社コマンドA」が運営をおこなっている。所在地は東京メトロ銀座線の末広町駅から歩いてすぐ。同じくメトロの湯島駅からも近いし、JRの御徒町駅や秋葉原駅からも10分かからない距離にある。「3331」は住所ではなく（住所は外神田6−11−14だ）、「江戸一本締め」に由来する。「シャンシャンシャン、シャンシャンシャン、シャンシャンシャン」と3かける3の9回打ち、最後に1回打つ。「九」に「一」を加えて「丸」にする。築地市場などでもおこなわれる江戸一本締め。それを数字に置き換えると「3331」になる。

施設内には誰でも利用できるフリースペースもあり、私が藤元由記子さんの話を聞いたのもその一画だった。

ブックエンドがユニークなのは、フリーランスの女性たちと組んで仕事をしているところである。

「雇う／雇われるというかたちではなく、フリーランスがクラウド式に集まって仕事をするかたち」と藤元さんはいう。いいかえるなら、在宅ワーカーの組織化である。

「たとえば書店営業をしている人は子どもを抱えたお母さんです。自分でデザインして、週に何日間かだけ自分の好きな時間に書店を回るという仕事の仕方をしています」

ほんとうは働き続けたいのだけれども、子育てのためにそれを断念している女性は多い。ネットを駆使すればフルタイムでオフィスにいなくても仕事をすることは可能だ。ブックエンドをはじめた直後は、社員として編集者を採用したりもしたけれども、藤元さん自身が編集業務をこなしながら会社を運営し、なおかつ人材育成もとなるといろいろ無理が生じてきた。現在は複数のフリー編集者と企画ごとに組んで仕事をしている。打ち合わせはｓｋｙｐｅを使い、ゲラのやり取りなどもメールにＰＤＦを添付してする。リアルに書店を回らなければならない営業職は無理としても、編集や校正などの業務は東京でなくてもネットがつながるところなら地球上どこでもできる。ブックエンドの社員は経理・総務の担当者と、ＩＴの担当者がいるのみで、ＩＴ担当者も自分自身の仕事との兼業だから、社員数としては社長の藤元さんを含めて2・5人ということになる。

山口県に生まれ育った藤元さんは、立命館大学を卒業したあと、京都の商社に入社する。商社が地元企業に代わって海外での仕事をする業務をおこなっていた縁で、淡交社がニューヨークにオフィスを出す際に藤元さんは淡交社に移る。1991年のことだ。

淡交社は茶道・裏千家と縁の深い出版社である。裏千家は茶の湯で世界最大の流派で、表千家・武者小路千家と同様、千利休の末裔が家元をつとめる。その裏千家の門弟組織が淡交会で、日本全国各地に支部があるだけでなく、先進国をはじめ世界各国にも支部を置く。淡交社はいわば淡交会の出版部門のような会社である。出版だけでなく、和雑貨の販売や茶室の設計・施工もおこなっている。

淡交社が一般の出版社と違うのは、淡交会という強大な組織を持っていること。そして、一般の取次＝書店ルートとは別に、流派の教授を介した販売網を持っていることである。つまり淡交社の刊行物——その多くは茶道に関連したものだ——を淡交会の会員に直接販売するシステムであり、これは出版統計にもあらわれない隠れたマーケットだ。

藤元さんは淡交社に移って最初の3年をニューヨークにある子会社のウェザヒルですごした。このときの経験が彼女のその後を決めることとなる。

当時の裏千家家元、鵬雲斎氏は茶の湯の海外普及に積極的だった。淡交社でも外国語、とりわけ英語で日本文化を紹介するブックス・オン・ジャパンに力を入れていた。

「そのころアメリカではすでに、美術書を出版社が美術館と組んで刊行する、コ・パブリケーションが一般的になっていました」と藤元さんはいう。

コ・パブリケーションとは、たとえば美術館の展覧会カタログを、はじめから一般の書籍としても流通するように計画してつくること。美術館はコンテンツを提供し、出版社が編集をする。展覧会の入場者が購入するので最低限の売上は見込めるし、一般書店で長く売ることもできる。美術館にとっても出版社にとっても、そして読者にとっても利点の多い出版方法だ。

1992年、LACMA（ロサンゼルス・カウンティ・ミュージアム）が日本の小袖の展覧会を開催した。ちなみに小袖とは、現在の着物の源流となるもの。平安時代は貴族の下着だったが、江戸時代には階級・男女を問わず広く用いられるようになる。LACMAはこの展覧会カタログのパートナーに、ブックス・オン・ジャパンで最も実績のあるウェザヒルを選んだ。編集からデザインまで、美術館の担当者と、日本文化に造詣の深いウェザヒルの編集者が互いのスキルや知識をぶつけ合い、美術書ができていく様子を、藤元さんはそばでつぶさに見ていたという。

振り返ってみると、これが彼女の本づくりの原点だったかもしれない。

同じく1992年の11月、LACMAは美術史に残る展覧会「パラレル・ビジョン展」を開催する。ヘンリー・ダーガーなど「アウトサイダー」の作品と、パウル・クレーなど「インサイダー」の作品を同時に紹介するもの。最近は「アール・ブリュット」という言葉を用いられることが多い、美術を専門的に学んでいない人やハンディキャップのある人たちによるアートが広く知られるきっかけになった。この展覧会が翌年、東京の世田谷美術館にも巡回することになった。このときの展覧会カタログを世田谷美術館と淡交社がコ・パブリケーションで出版した。

「世田谷美術館としてははじめての試みでしたし、当時は日本でもまだほとんど例がなく、公立では無理だと諦めかけていましたが、当時、学芸部長だった美術評論家の宝木範義さんが出版の意義に理解を示し、なんとか体制を整えて取り組んでくださいました」

1冊5400円という、展覧会カタログとしてはずいぶんと高額で、それには当時の大島清次館長も驚いたが、これが飛ぶように売れてさらに驚くこととなった。藤元さんはこの展覧会のカタログを制作するために帰国し、以後、2010年まで淡交社で美術書をつくり続ける。

80年代、90年代は、ブックス・オン・ジャパンの出版が活発だった。講談社インターナショナルやタトル商会、洋販などが競って出版した。スーベニールとしても使える、大判でハードカバーの豪華な写真集もたくさん出ていた。しかし、バブル崩壊ごろからブックス・オン・ジャパンはあまり出版されなくなる。景気の悪化、インターネットの普及、アマゾンの出現などが背景にある。タトル商会も洋販もいまはない。

「日本と海外では出版流通がまったくちがいます。アメリカでは原価率をうんと低くして、書店に卸すときにはダンピング（バリューディスカウント）もある。日本のように再販制を前提としてつくる本だと、うまくマッチしないところがあります」と藤元さんはいう。

帰国した藤元さんは、主に現代美術の書籍や美術館の展覧会カタログをつくっていた。展覧会カタログというと、展覧会に出品される作品の写真と解説を並べただけのものを思い浮かべるかもしれないが、藤元さんのやり方は違っていた。

「たとえばゲルハルト・リヒターの個展があるとします。リヒターのキャリアや人となりを紹介するためには、その展覧会で展示される作品だけでは不十分なことがあります。ピカソを紹介するのにゲルニカは不可欠ですが、ゲルニカを持ってくることが不可能なように。そこで、展覧会カタログには、リヒターの展示されない作品も参考図版として掲載します。展覧会だけのものではなく、展覧会を中心に、ひとりの芸術家が1冊でわかるようなつくり方をしたい。そのためには美術館の方と一緒につくっていく必要があります」

淡交社に在籍中にこうして手がけた展覧会カタログ兼書籍は100冊ほどになる。なかでもDIC川村記念美術館（千葉県佐倉市）の仕事が多い。マーク・ロスコの回顧展カタログでは10年かけて資料集めをしたという。最も多く売れたのは横浜美術館や芦屋美術博物館などを巡回した奈良美智展の展覧会カタログだった。

展覧会カタログは一般の書籍に比べても苦労が多い。展覧会がはじまる前にカタログができあがっていなければならないが、出品される作品や会場構成はなかなか決まらないし、ぎりぎりになって変更されることもある。予算もあまり潤沢ではないことが多い。

「仕事が終わるたびに、もう二度とやるものかと思います」と藤元さんは笑う。それでも引き受けてしまうのは、知る楽しさや新たな世界が開けてくる喜びも大きいからだろう。

近年、美術館の展覧会は進化していて、60年代や70年代のようにただ泰西名画を集めただけ、あるいは個人の作品を年代順に並べただけという展覧会は少なくなった。明確な、しかも斬新なコンセプトで、展覧会そのものが表現であるような企画が増えたし、個人の回顧展にしても切り口が重視される。当然、カタログについても、構成や内容、印刷のクオリティなどへの要求が高くなる。

2010年5月、藤元さんは淡交社を辞めて自分の出版社、ブックエンドをつくった。創業資金は退職金と貯金をあて、友人の出資も受けた。現在は銀行からの融資も受けている。

インキュベーション型オフィスとして知られる「ちよだプラットフォームスクエア」で起業し、その後、現在のアーツ千代田3331に移った。

起業の動機はそう単純ではないが、「いちばん大きかったのは父が亡くなったこと」と藤元さんはいう。ファザコンだったわけではなく、母が脳梗塞で半身不随となり、父が介護をする老老介護状態だった。ところがその父に肺ガンが見つかった。藤元さんも片道7時間半かけて隔週で帰省していたが、仕事の状況によっては簡単に休みもとれない。やがて父が他界し、母は施設に移った。母を看るために少しでも時間が自由になるようにと、淡交社を辞めて自分の会社をつくることにした。介護離職ならぬ介護転職、あるいは介護創業か。

もっとも、独立したからといって自由になるわけでもないのは、30歳のときからフリーでやってきた私にもよくわかる。「フリー」は仕事を依頼する側にとっての「フリー」であり、ときには「フリー」が「無料」を意味することすらあり、なかなか意のままにはならないのであるけれども。独立したら、かえって身動きがとれなくなったと藤元さんは苦笑する。

ブックエンドでは美術書を少部数で出していこうと考えた。ブックス・オン・ジャパンをめぐる出版環境が変化したのと同じく、美術書をめぐる環境も変わってきた。景気低迷は続き、出版市場そのものも収縮を続けている。一般の出版社も、主流の出版物ではない限られたマーケット向けの本を出していく余裕がなくなってきた。

その一方で、多くの美術館が充実したミュージアムショップを持つようになるなど、書店ルート以外の販路ができたし、メガ書店が増えたことで書店の美術書売場も80年代に比べるとトータルでは広がっている。そうした状況認識もあって、藤元さんは独立したのだったが、「それは非常に考えの甘いことでした。考えが甘いだろうなと思っていたんですが……」と藤元さんはいう。

最初にぶつかった困難は、流通だった。大手の取次と取引口座を開くことは難しかった。仮に口座を持てたとしても、全国の書店に新刊委託配本するには発行部数を増やさなければならず、返品のリスクが大きくなる。取次からの入金が刊行の8か月後となれば、回転資金もたくさん準備しなければならない。というわけで、会社設立当初はＪＲＣのみの扱いだった。しかしそれだけでは不十分で、何人かに相談するうちに、たどり着いたのがトランスビューだった。

「工藤さんに会いに行きました。ちょうど『震災とアート』を出す直前で、これまでのラインナップをお見せして、うちでやりませんかとおっしゃっていただきました」

注文出荷制なので、委託配本よりも初期配本部数は減ったが、どの書店からどれだけの注文が入り、何冊売れたかなどがよくわかるようになった。3か月後に入金される額も把握できる。

注文出荷制のメリットで藤元さんがとくに重要だと感じているのは、書店のリアクションがじかに伝わってくることだ。

「いまは地方の大きな都市のレスポンスが早いですね。札幌とか福岡とか。大きなマーケットを持っているんだけど、東京から離れているということで周縁性があるようなところの反応がいい。そうしたところには早めに情報を流すなど、対処のしかたも工夫できます。聞いたところによると、本屋さんも『この本ならあの人が買うんじゃないか』と、お客さんの顔を思い浮かべながら発注していただいているようです。あるいは、『こういう売場の棚をつくろう』と、具体的にイメージしながら発注していただいている。自分がつくる本の行き先がよく見えるのが、注文出荷制についていていちばん気に入っているところです」

流通の問題だけでなく、仕事の受注についても目算違いだった、と藤元さんはいう。淡交社での実績があったので、独立すれば黙っていても仕事が来るだろうと思っていたのだ。自分ひとりの決済でできるから、すべての物事がスピーディーに決定できる。むしろ淡交社時代よりも仕事は増えるかもしれない、という甘い期待もあった。

だが現実は、そうではなかった。淡交社でしていた仕事は淡交社に来ていたのであって、藤元さんに来ていたのではなかった。

もっとも、だからといって、積極的に営業をしようとはしない。コ・パブリッシングの仕事が増えると、それにかかりきりになってしまい、他のことができなくなる。また、いまはどこの美術館も人手が足りなく、かつてのように学芸員が何年もかけて資料を集めて本をつくるというようなことはむずかしくなってもきている。

ブックエンドは雑誌『ＢＩＯＣＩＴＹ（ビオシティ）』を刊行している。美術書を出していこうと創立された小さな出版社が、エコロジーについての専門誌も刊行するのは、やや奇妙に見えるかもしれないが、それには事情がある。

「環境問題について私はまったくの門外漢でした。『ＢＩＯＣＩＴＹ』を１９９４年の創刊からずっとやってこられた方が、脳梗塞で倒れてしまいました。ブックエンドと同じく流通にＪＲＣを使っていたこともあって、引き継いでもらえないかとご相談にみえました。ちょうど東日本大震災のすぐ後で、重い身体を引きずるようにして。私は雑誌をやったことがないし、環境問題もわからないので、いちどはお断りしたんです。でも、やっぱりやらなきゃいけないんじゃないか、と思いはじめた。震災の直後って、何かしなきゃという思いがありましたよね、だれしも（笑）。それで、『ＢＩＯＣＩＴＹ』で中心的に執筆されている方々何人かにお会いしました。もうその時点で退けなくなることはわかっていたんですが、震災があり原発事故があったこのタイミングで『ＢＩＯＣＩＴＹ』を終刊してしまっていいのか、といわれました。それでもう、やるしかないと２０１１年の9月、48号からブックエンドで出しています。出資してくれた友人に相談したら、『とりあえず50号までやってみたら』といわれましたが、50号でやめられるわけないですよね（笑）」

単行本と雑誌とでは、つくり方がまったく違う、と藤元さんはいう。当初は漢字とひらがなの使い分けや句読点の使いかたひとつひとつも気になっていたが、いまは寄稿者の責任においてある程度の統一ができていればいい、と割り切ることができるようになった。また、畑違いの雑誌をつくることで、これまで専門としてきた美術のフィールドについて、外からの目で見られるようになったのが、予想外の成果だった。また、美術の知識や人脈を『ＢＩＯＣＩＴＹ』の編集にも活かすことができて、藤元さんにとっては相乗効果もある。もっとも、発行部数は１５００部。ほとんどは図書館や大学に入っているので、部数の数倍の読者はいるとはいえ、かんたんに黒字になるような雑誌ではない。

エコロジーや環境問題について門外漢だと思っていたけれども、実際に『ＢＩＯＣＩＴＹ』

の編集をするようになると、意外と美術とも共通点が多いことに気づいたと藤元さんはいう。

「ひとつには、アートというものが時代のひとつ先のイシューをとらえるものだから、『BIOCITY』をつくりながら、このテーマは何年か前にアートで取り上げられていたものと感じることはよくあります。とくに3.11以降、アートは変わったと思います。9.11以降にアメリカで起きたようなことが、日本でも起きている。たとえば、参加型の作品など関係性のアートが増えている。それは街づくりのようなものに取り込まれていたり。私がいま力を入れているのは、ソーシャル・エンゲージド・アートという新しい潮流ですが、それは社会の問題にアートがどうかかわっていけるか、あるいはソリューションとしてどんな提案ができるかということを考える流れです。ソーシャル・デザインなどもそうした流れのひとつといえますね」

この稿のはじめのほうで、ブックエンドがフリーランスの女性たちと企画ごとや業務ごとに、いわばユニットを組むように仕事を進めていると書いた。成り行き上（あるいは「行きがかり上」?）、『BIOCITY』も編集発行するようになった。14年に刊行した『ソーシャル・ウーマン』や15年の『ピンクリボン咲いた！』、『乳がんの人の日常レシピ』などは、女性たちとのユニットという面と、エコロジー関連誌の編集という面とが融合して生まれた企画といっていいだろう。もちろんいまでも東京国立博物館のコレクション集を制作するなど、原点を忘れたわけではないが、刊行リストにこうした本が並ぶとは、2010年にブックエンドを立ち上げたとき、藤元さんは予想もしていなかった。こうした、自分でも考えていなかった方向に進んでいくのも、小さな出版社ならではの面白さであり、スリルのあるワクワクする瞬間でもある。

「どんどんアートからはずれつつあるんですが、それもまあいいか、と思っています」と藤元さんは楽観的だ。

書店で本を売るのは、自分にとってとてもむずかしいことだ、と藤元さんはいう。だから「自分でマーケットをつくっていく」とも。乳がんのレシピ本であれば、乳がんのための支援ネットワークとタイアップしてつくっていく。本をつくりたいと思っている人たちにブックエンドがかかわりながら、一緒に企画を立てて本をつくる。販売も、たとえば学会で一緒に売ったり、病院で販売したりということを考える。

「書店はやっぱり男の世界ですよ。とても入っていけない。私たちは私たちのマーケットをつくりながらやっていかなければならない。でも、それは美術書をつくっているときも同じだったんです。好事家のための高価な本ではなく、美術館に遊びに来た人たちが買えるものにする。言葉づかいもアートのムラ社会の言語ではなく、一般の人にもわかる言葉にする。解説もていねいにして、資料もたくさん入れる。読者の層やマーケットを変えていけば、言語も変わっていきます」

出版界の既存のシステムに合わせていくよりも、自分たちでマーケットをつくっていくほうが早いかも知れないと藤元さんはいう。まさに急がば回れだ。

case
06

小さい書房の場合

CHIISAI SHOBO

小さくなることを決めたんだから、小さいことの醍醐味を味わおう、小さいことを活かす仕事をしようと思った

—— 安永則子さん

小さい書房

「ひとり出版社」という言葉はいつごろから使われるようになったのだろう。地方・小出版流通センターの発足が1975年。リブロ池袋店で同センターが扱うひとり出版社のブックフェアがおこなわれたのは、たしか80年代だった。

昔から出版社は机ひとつ電話1台でできる商売といわれてきた。原稿は作家が書き、印刷と製本は印刷会社・製本会社、販売は書店が、書店への卸しと返品の回収は取次がするから、出版社がやるのは編集とプロモーション、そして全体のプロデュース。たしかにひとりでもできるが、現実にひとりだけでやっている出版社はそう多くはない。本書に登場する出版社でも、ころからはパブリッシャーの木瀬貴吉さんとデザイナーの安藤順さんによる二人三脚であるし（P177～を参照）、鉄筆も渡辺浩章さんの妻が経理や総務を担当している。

安永則子さんが「小さい書房」をはじめたのは、それが「ひとり」でできるからだった。出版社をはじめる動機といえば、本をつくりたかった、好きな本を出したかった、好きな作家の本を出したかった、という人が多い中で、彼女はひとりでできるから出版社を選んだというのだ。それを聞いて連想したのは、アマゾンのジェフ・ベゾスのことだ。ベゾスについて書かれた本などを読むと、彼は本を売りたくてアマゾンをはじめたのではなく、eコマースに最適な商材はなにかと考えて本に行き着いた。そして、ベゾスがはじめたアマゾンは電子書籍をふくめて本の世界と読書の世界を変えた。ひとりでできるから出版社をはじめたという安永さんの言葉はたのもしく聞こえる。

小さい書房をはじめる前、安永さんはＴＢＳで記者をしていた。仕事が好きで、文字どおり寝食を忘れて事件を追いかけていた。転機となったのは出産と育児だ。どんなに忙しくても子どもと晩ごはんを食べたいと思うようになった。その変化は周囲だけでなく彼女自身にとっても驚きだった。なかには「変節した」という人もいた。

安永さんが担当していたのは『ニュースの森』など夕方のニュース番組だった。放送が夕方の5時から7時まで。番組終了後に反省会や明日の確認をすると、帰宅するのはかなり遅くなる。子どもと晩ごはんを食べるのは難しい。

「中途半端はできない、というとかっこよく聞こえますが、もともとエンジン全開でやってきた人間が、急にギアをチェンジするのはむずかしくて。やるからには24時でも25時でも仕事をしたいと思う」

退社するまでの3年間は、希望して異動した事業部で働いた。出版社と組んで番組関連の書籍をつくる部署である。といっても彼女が担当したのは編集ではなく、全体をコーディネイトする仕事だった。それでも毎日子どもと晩ごはんを食べるのはむずかしい。やっぱり会社員を辞めるしかないのではないか……そう思いはじめたころ、目に飛び込んできたのが「ひとり出版社」という言葉だった。

「ひとり出版社が増えているという新聞の小さな記事でした。世の中がそれで大きく動いているわけではないけれども、たまたま自分が置かれた状況で、その文字が飛び込んでくるようなことってあるじゃないですか。ひとりでできることはなんだろうかと、ずっと探していたので目にとまったんでしょうね」

記者に近い仕事としてフリーランスのライターに転身することも考えたが、事件現場で顔を合わせる彼らにはいつでも駆けつけられるフットワークのよさとそれを可能にする条件があり、それはそれで子どもと一緒に晩ごはんを食べたいという思いと矛盾する。他になにがあるだろう、ひとりでやれる仕事は、と考えていたときに出会ったのが「ひとり出版社」だった。

記事に出会ったのが、たまたま先方の都合で打合せがキャンセルされ、偶然あいた時間だったということも大きかった。ふだんは目の前のことに夢中で先のことなど考えないのに。事業部で一緒に仕事をするのは大手の出版社が多かったから、ひとりでも本をつくれるということが驚きだったし魅力的だった。「理屈ではなく、これだ！と思った」と安永さんはいう。

もっとも、そこですぐ会社を辞めたわけではない。後任を育てるなど、やることがあった。1年ほどTBSに勤務しながら出版に関する本を読み、できる限り調べてみた。ひとり出版社の創業マニュアルがあるわけでもなく、はっきりしたのは、とりあえずやってみるしかないということだった。後ろ盾もコネもなく、資金は自分の貯金だけ。それでも世の中にはすでにひとり出版社があること、つまり先行事例はあることが気持ちを支える根拠となったし、やるからには絶対に成功させてやると思った。もちろん世の中一般で本が売れなくなっていることについては、事業部で出版社と仕事をしたことからもよくわかっていた。

彼女の話で興味深いのは、徹底して「ひとり」にこだわっていることである。出版社を立ち上げるにあたって、夫と一緒にとはまったく考えなかった。安永さんによると、夫は彼女の選択について、「なんか、いいんじゃない」という反応だったという。それは出版社をはじめるというアイデアについて「いいんじゃない」というよりも、彼女が選択したことについての「いいんじゃない」だ。

「私が悶々としているのに、夫もうすうす気がついていたのでしょう。仕事を好きな女性が子育てを抱えたとき、悩まない人はいないし、夫もそういう人たちを見ていたでしょうから。私が出版社をはじめると決めたとき、ひとつ殻を破ったような顔をしていたので、その顔を見て、いいと思ったんじゃないですかね」

ひとつだけ夫から、冗談のようにしてアドバイスというか忠告があった。それは、会社員のころよりもさらに仕事に突っ走ってしまうのではないかということ。会社勤めと子育ての両立は難しいといいながらも、会社員であることで守られている部分は多い。とりわけTBSは育児時短制度など子育てサポートについても充実している。それがひとりでビジネスをはじめれば、たとえば熱を出しても誰も助けてくれない。ひとりしかいないから、やることは際限なくある。土日をつぶしても足りないくらいだ。彼女の性格上、のめり込んでしまうと、子どもと晩ごはんを食べるために選択したことを忘れてしまうのではないか。そう笑っていうのだった。

資金も夫の力は借りなかった。小さい書房が軌道に乗るまでは、彼女個人の貯金を切り崩しながらやっていくことにした。

小さい書房では、大人のための絵本を出版している。これは出版社をはじめようと決めてから考えたことだった。

「出版不況の中に飛び込んでいくという自覚はあったので、なにかひとつ看板が立つような、旗印が立つようなものかを持たないと埋没してしまうと思ったんですね。私には編集経験もありませんし、こっちの分野もあっちの分野もと欲張って手を出すと、1本も旗が立たないんじゃないかという思いもあって」

それで選んだのが絵本というジャンルだった。

もともと特に絵本が好きだったわけではない。子どものころ絵本に夢中になった記憶もない。それが育児休暇中、子どものために毎日何冊もの絵本を読んだ。おそらく100冊以上の絵本を読んだだろう。それまでまったく読んだことがなかっただけに、新鮮な驚きがあった。子どものために読んでいるにもかかわらず、彼女自身がその内容に深く感じいることもあった。

「こんなにメッセージ性のある物語が、絵本という体裁でも存在するんだと初めて知りました」

たくさんの絵本を読むうちに疑問もわいてきた。彼女が大好きになった絵本の1冊はシルヴァスタインの『おおきな木』だったが、気づいてみると好きになるのはこの本に限らず翻訳されたものばかりだったのだ。安永は東京外国語大学でフランス語を専攻し、外国語を日本語に変換するときのギャップについてはよく知っていた。もちろん翻訳でも感動できるのだからそれでいいと考えることもできるが、日本語でオリジナルの絵本をつくりたいと思った。

「これは後から作家にいわれて気づいたんですが、テレビって映像とナレーションの合体物なんですよね。絵本と似たところがある」

そこから大人のための絵本というアイデアが出てくる。「大人こそ絵本を」というのは、ノンフィクション作家の柳田邦男氏が提唱していることだが、彼女が柳田氏の主張を知ったのものちのことだった。彼女にとって柳田氏といえば自分と同じくテレビ局の記者出身のノンフィクション作家であり、その彼が大人に絵本をと提唱しているとは夢にも思わなかった。柳田氏の著作を読み、講演を聴いて、共感するところが多かった。

もっとも、大人のための絵本は小さい書房の旗印ではあるけれども、形式としての絵本にこだわっているわけではない、と安永さんはいう。

「ちょっと矛盾するかもしれませんが、絵本に絵がなくてもいいんじゃないかと思っているんですよ。柳田さんはじめ大人にも絵本をとおっしゃる方が指すのは、ほんとうにザ・絵本という感じの本ですが、私はそうでなくてもいいと思っています」

絵のない絵本もあれば、文字のない絵本もある。

「絵本の定義って難しいですよね。私がつくる本は、絵本売場においていただいてもいいし、どの分野においていただいてもいい。エッセイの棚においていただいている本屋さんも、アートの棚においていただいている本屋さんもあります。棚を越えていきたい。絵本売場って閉鎖的な棚だと思う。私も子どもがいなければあそこに近づかなかったと思うんですよね。たまたま子どもがいるから、いわばしかたなく行ったところで。子どものいない人とか、絵本に興味のない人に読んでほしい」

実際、私がよく行く書店では、小さい書房の本が絵本・児童書の売場ではなく詩歌の棚に並んでいる。安永さんが意図したとおりだ。

あらためて強調しておきたいのは、彼女は大人の絵本をつくるためにひとりで出版社をはじめたのではなく、選択の順番としては「子どもと晩ごはんを食べたい」→「ひとりでできる仕事に転職したい」→「ひとり出版社をつくる」→「なにか旗印が必要」→「大人が読む絵本をつくろう」だったということだ。彼女が素直にこう語ったことは、私にとって驚きだった。ストーリーとしては「絵本が好きだった」「大人にも絵本が必要だと思った」、「だからテレビ局を辞めて、誰にも頼らずひとりで出版社をはじめた」ということにしたほうが、「いい話」にはなっただろう。だがそうではないということを、彼女は正直に話すのだった。

最初の本は『青のない国』だった。文章は風木一人氏、絵は長友啓典氏と松昭教氏。この本のつくり方にも、安永さんが「絵本業界」にどっぷり漬かっていない、いわば外部の目を持っているアドバンテージが発揮されている。

まずは作家さがし。彼女は文章を重視した。絵本業界では絵がメインになっていると安永さんは感じたが、だからこそあえて文章を重視したかった。絵と文章の両方を描ける作家を探すのではなく、まずは文章を固めて、そのあとで絵をつけようと思った。たくさんの絵本を読んだが、文章専門の絵本作家はそう多くないことがわかった。

「絵本作家にこだわらなくてもよかった。無名でさえなければいいと思った」と彼女はいう。「無名でさえなければ」という言葉は身も蓋もないように聞こえるけれども、これも重要なポイントだ。無名で、後ろ盾もなく、なんの実績もない出版社が最初に出す本で、著者も無名というのでは、売る自信がなかった。そうして巡りあったのが風木一人氏だった。『ながいながいへびのはなし』や『たまごのカーラ』(ともに小峰書店)などで知られる。風木氏の本を読んだとき、感覚が似ている、テーマが共有できる、と安永さんは感じた。

といっても、コネはない。いろいろ検索すると、風木氏がある講座で講師をすることがわかった。講座の主催者に頼んで出席させてもらい、そのとき彼に直接、手紙を渡した。手紙を受け取った風木氏も驚いたようだ。まだ1冊も本を出していない自称出版社から、あなたに本を書いてほしい、と依頼されたのだから。

そのとき安永さんは、自分のネガティブなポイントをまず伝えた。このときだけでなく、常々心がけていることでもある。もしかすると事件記者としてさまざまな人に接するうちに身につけたことなのかもしれない。悪いニュースからまず伝える。ひとりだけの小さな出版社であること、書籍の編集経験はほとんどないこと、初版部数も大手に比べると少ないこと（つまり初版で支払われる印税も少ない）、宣伝力も大手には負けること。

だけどどうしてもあなたに書いてほしい。安永さんはそう風木氏に伝えた。そのうえで、どんな本をつくりたいのかを具体的に話した。たんに「おねがいします」では5年経っても6年経っても、本はできないと思った。テーマが共有できないなら断ってもらったほうがいいし、収入を重視する作家なら大手との仕事を優先するだろう。

風木氏は驚いていたが、快諾してくれた。

初版部数は少ないが、印税率は業界で標準的といわれるものだし、実売印税ではなく発行部数印税を採用している。「会社」が小さいのは自分の都合であり、著者に対してそれを言い訳にしてはいけないと安永さんはいう。ちなみに「会社」とかっこ書きしたのには理由がある。小さい書房は法人化をしていない、安永さんの個人事業だからだ。

初対面の風木氏に「書籍の編集経験はほとんどない」と伝えた安永さんだが、ＴＢＳの事業部で本づくりにかかわっていたし、編集という行為そのものはテレビの場合と本質的に同じだ。たとえば全64ページの中で、どこで盛り上げて山場をつくり、どう着地させるかはニュース番組でも絵本でも同じ。しかし、印刷や製本についてはほとんど知らなかった。具体的な本のつくりかたは印刷会社に教えてもらった。安永さんは最初の本をつくる際、5社から見積もりを取り、その中でいちばん高いところに依頼したのだという。

「私にとってはけっして安くなかったんですが、本のつくりかたから本についての一般的な知識まで、とても親切に教えていただきました。幸運だったのは、担当してくださったのがベテランの取締役だったこと。素敵な仕事をする人だと、初めて会ったときにわかりました」

見積もりを取る際、印刷会社には彼女が出向いた。それは、とにかく「教えていただく」という姿勢で臨みたかったのと、先方に出向いたほうが見本などもたくさんあるだろうと考えてのことだ。

流通はJRCと取引している。TBSの事業部で仕事をしていたとき、トーハンや日販と自分が直接取引するのは無理だろうとわかった。かといって、他の出版社を発売元にして出版するのはいやだった。「ひとり」でと決めたのだから、発行元も発売元も小さい書房にしたかった。そこにはこだわった。

「前の職場は、つねにたくさんの人が働いていて、居心地のいいところでした。そこを自分から辞めるからには、誇りというか、自信を持ってやれる仕事をしないといやでした。小さい書房という名前では発売元になれず、どこかの名前を借りるようなかたちではなく、ちゃんと自分が出しているということにこだわりたいなと思って。流通だけ手伝いますよというお声がけとかもいただいたりしたんですけど、奥付の名前がちょっと違ってくるのはいやでした。しょうもないこだわりだとは思いますけど」

TBSを辞めたとき、流通についてはなにも決まっていなかった。いざとなったら自分で本を持って書店に配達して回るぐらいの覚悟だった。辞めるとき上司からもらった色紙には、リュックサックを背負って本を売り歩いている安永さんの姿が描かれていた。

「いま思うと、なんて見通しが甘いんだと当時の自分を叱ってやりたい気分です。やっぱり取次がないと無理です。直販もやっていますが、発送業務に追われると編集作業をする時間がなくなってしまいます。流通についての認識が足りませんでした」

最初の1冊をつくりはじめるまでは、頭の中の9割は、どんな本にするか、どうやって本をつくるか、ということでいっぱいだった。つくった本をどうやって売るかが大事だと実感したのは、本をつくりはじめてからだった。夏葉社はじめ他のひとり出版社のサイトなどを見ていくうちに、ＪＲＣの存在を知った。地方・小出版流通センターとの取引も考えたが、取引をするには出版計画書を求められると聞いてあきらめた。計画書をつくることはできるが、まだはじめてもいない事業で実際にはどうなるかわからない。架空の計画書を出すのはいやだった。計画書なんて適当にでっちあげておけばいいんだよ、なんてスレた考え方をしないのも安永さんらしいところだ。

小さい書房をはじめるにあたって、まずは3冊、間をおかずに出そうと彼女は考えた。1冊目の『青のない国』（風木一人作、長友啓典・松昭教絵）が14年4月刊行、2冊目の『二番目の悪者』（林木林作、庄野ナホコ絵）が14年11月刊行、3冊目の『歩くはやさで』（松本巌文、堺直子絵）が15年2月の刊行だ。1年間に3冊。たったひとりでつくるには、かなりのハイペースだ。

3冊を続けて刊行しようと思いついたのは彼女自身だ。誰かのアドバイスではなく直感である。

「1冊だと、私だって信用しませんよね。一発屋という言葉もあるぐらいで。やっぱり3冊ぐらいあってはじめて認知されるという気もしたし、営業面でいっても1冊だけ持って営業するというのは合理的じゃないですよね。書店に本を発送するにしても、3点あれば数量もまとまります。3点でも5点でもよかったんですけど、しゃかりきになってやって出せたのはまず3点でした」

『青のない国』ができあがったときは心底ほっとしたという。刊行までには、本ができなかったらどうしようと不安にかられることもあったという。注文してくれた書店にも見にいった。面陳は無理だろうと思っていたが、意外なことに面陳されていた。写真を撮ってサイトにアップすると、それを見て本の存在を知る人もあらわれた。

朝日新聞と読売新聞の武蔵野版に取り上げられたことも追い風になった。全国版ではなく武蔵野版に積極的に情報を提供したのは、元テレビ局報道部の記者として支局がどのような仕事をしているのかよく知っていたからだ。支局ではエリア内の企業や個人の活動に敏感だ。とくに出版の話題は新聞と親和性が高いからか、たとえば地元の誰それが自費出版をしたというような話題でも記事になることがある。「ベタ記事でもいいから紙面に書影が出れば」という気持ちで新聞社に情報を、それも刊行の1か月前から送っていた。

本は大型店にも置かれているが、意外なことにセレクトショップ型の小さな書店での売れ行きがいい。客層との相性がいいのか、大型店では数に埋もれてしまうものが小さな書店では目立つからなのか。小さい書房の本は小さい書店によく似合う？

そうそう、なぜ「小さい書房」なのか。

「小さいという言葉は絶対につけたいと思っていたんです。ふたつ理由があって、私が勤めていたテレビ局は大企業ではないけれども仕事としては大きい。大きい仕事の醍醐味はそれなりにあります。面白いし、やりがいもあって、影響力とかも。大きいことの醍醐味を味わって、こんどはそこから飛び出して小さくなることを決めたんだから、小さいことの醍醐味を味わおう、小さいことを活かす仕事をしようと思ったんです。だから小さいという言葉をつけようと。もうひとつは、自分にとって唯一確実なのは、小さいということだけだから。小さい出版社では語呂が悪いし、小さいなんだろうと考えながら会社に向かうとき、駅前の横断歩道を渡っていて思いつきました」

小さい書房はいちど聞いたら忘れられない名前だ。

安永さんの話を聞いて、彼女がずいぶんと正直なのに驚いた。私がはじめて彼女に会ったのは、青山の山陽堂書店にあるギャラリーだった。青山通りと表参道の角にあるこの書店で『二番目の悪者』の原画展が開かれていた。出版文化産業振興財団（ＪＰＩＣ）という、出版社や取次、書店などが出資する一般社団法人があり、私はそこが主催する読書アドバイザー養成講座の監修と専任講師をしている。その日は受講生を引率して青山界隈の書店を見学したのだが、山陽堂書店のギャラリーで安永さんが待っていた。彼女は受講生たちに本について解説し、小さい書房についても話してくれた。

いま振り返ると、TBSの記者を辞めて出版社をはじめたということについて、私は先入観というか偏見を持っていたのだと思う。私は十数年、テレビのない生活をしていて、テレビの仕事も断っている。見ないのだから出ないということもあるし、テレビに対する基本的な不信感もある。大学で教えていたとき、テレビ局でアルバイトをしている学生が、私の演習の受講生に何人かいた。ワイドショー番組で働いている学生は、番組にかかわる人がいつも不幸な大事件を待ち望んでいるようでつらいといっていた。入学するときからテレビディレクターを目指していたのだが、進路を考え直したいともいっていた。もっとも、彼女は卒業後、テレビ局に入社して、いまは教養番組のディレクターとして活躍しているのだけれども。

だから安永さんについても、「在京キー局の敏腕報道記者が、その地位と待遇を投げ打って、良心的な出版社を独力で立ち上げました」というような、「いい話」が仕立て上げられているのではないかと、なんとなく冷たい目で見ていた。しかし、『二番目の悪者』は素晴らしく、あらためて彼女の話を聞いてみたいと思った。すると安永さんは「いい話」になりそうな部分をことごとく否定して、正直にことのいきさつを話すのだった。おかしな先入観を持っていたことについて、安永さんに謝りたい。もちろんここで文字にしたのは彼女から聞いた話の一部であり、たとえば具体的な取引条件など報じられることによって安永さん以外にも影響を及ぼしかねないことについては書いていない。だが安永さん自身についてで、彼女が伏せてほしいと要求したことはない。ジャーナリストの矜持を感じた。

case
07

コルクの場合

CORK

作家ではなく、作家がつくりあげたコンテンツを、24時間、365日、複数の場所でどうやって働かせるかを考えます

——佐渡島庸平さん

CORK

07

CORK

アメリカの出版産業と日本のそれとでは、流通システムをはじめ違うところがたくさんある。出版エージェントの存在もそのひとつだ。日本では出版社と作家が直接やりとりをするが、アメリカでは両者の間でエージェントが仲介する。

エージェント（agent）とは、日本語にすると代理人。日本でエージェントが注目されたのは、プロ野球選手が米大リーグに進出しはじめたときだった。大リーグへの入団交渉を選手に代わって代理人がおこなった。日本ではなんとなく否定的なニュアンスで報道されることが多かったように思う。プロ野球労組ができたときもそうだったが、野球選手が待遇その他について球団と交渉することをこころよく思わない人がいる。「自己主張するなんて、選手の分際で生意気だ」「楯突きやがって」という感じだろうか。

もっとも、俳優やタレント、モデルなどは事務所に所属するのが一般的だし、お笑いブームで吉本興業や松竹芸能など事務所の名前を知る人も多くなった。

交渉ごとにエージェントを挟むのはよいしくみだ。直接だといいにくいことや角が立つことも、第三者を介することで丸く収まる。第三者に法律などの知識があればなおよい。日本の出版界でも、海外とのやりとり、翻訳出版などではエージェントが活躍してきた。タトル・モリエージェンシーや日本ユニ・エージェンシーなどが知られている。しかし国内での作家と出版社のやりとりは直接おこなわれることがほとんどだ。

日本国内でもエージェントが一般化するといいのにと思う。よく「作家と編集者は二人三脚」などというけれども、それは物事の一面しかいい当てていない。たしかに作品をつくり上げていく過程では、二人三脚となることもあるだろう。だが常に利害が一致するとは限らない。出版社に不信感を抱いている作家は多い。たとえば、発行部数についての不満。「うちの近所の本屋にも並んでないじゃないか」とか。プロモーションについても、「ぜんぜん広告を出してくれない。書店への営業も不十分だ」と。作家は、本が売れないのは出版社の売る努力が足りないからだと思っている。

品切重版未定という状態もそうだ。「品切なのになぜ重版しないのだ」と作家は思っている。出版社は「書店の店頭に残っている在庫が、いずれ返品されるかもしれないから」と考えて重版に踏み出せないでいる。印税や原稿料をちゃんと支払わない出版社もある。さすがに大手や中堅ではめったにないけれども、小さい出版社ではときどき聞く。執筆を進めていたのに、編集者が退社して、仕事がうやむやになってしまうこともある。

作家と出版社は対等かというと、そんなことはない。ベストセラー作家なら対等にものをいえるかもしれないけれども、新人や売れない作家は編集者に対してびくびくしている。生殺与奪の権利は編集者に握られているようなものだ。初版部数やプロモーション方法や重版について不満があっても、作家はなかなかいいだせない。

07

CORK

昔は作家が不満を抱いていても、それは仲間内での愚痴にとどまっていた。しかしインターネットが普及してからは、ブログやSNSなどで不満を漏らす作家も出てきた。とくに漫画などでは、ときどきそれが「炎上」のきっかけになったりもする。

かつて安原顯という編集者がいた。本名は「やすはら・あきら」というのだが、「やすはら・けん」、略してヤスケン。「天才ヤスケン」とか「スーパーエディター」と自称した。中央公論社（現・中央公論新社）で雑誌『海』や『マリクレール』の編集者として活躍したが、退社して書評誌『リテレール』を創刊した。その『リテレール』もうまくいかなくなり、ヤスケンは2年ほどで去った。その後、『リテレール』の出版元だったメタローグは倒産した。

晩年のヤスケンに聞いた話によると、中央公論社を辞めるときは、出版エージェントをはじめようと思ったらしい。原稿の執筆依頼や取材対応、講演依頼の窓口業務から、原稿料や印税率の交渉、作品の売り込み、スケジュール管理から、友人知人の冠婚葬祭への花だの電報だのの手配まで一切合切やるようなエージェントだ。収入の10パーセントか15パーセントぐらいで、出版社との原稿料交渉から行きつけの店の開店10周年に花を出すことまで、何から何まで面倒を見てやろうというのに、誰も話に乗ってこなかった、とヤスケンは何人かの有名作家の名前を挙げて怒っていた。

でも、断った作家の気持ちがよくわかる。ヤスケンにそういう事務能力があるとは思えなかったし、そういうところが彼のキャラクターの魅力だった。仮に私が誘われたとしても応じなかったと思う。そういえば、ヤスケンは話を断った作家のひとりとして村上春樹氏の名前を挙げていた。ヤスケンは亡くなった後、村上春樹氏の生原稿を古本屋に売ったことでずいぶん叩かれた。彼がどういうつもりで売ったのか、いまとなってはわからないけれども、もしかしたら村上氏がエージェント設立話に乗ってこなかったことを恨んでいたのかもしれない。

日本にも出版エージェントがないわけではない。有名なのがアップルシードとボイルドエッグズだ。アップルシードには演劇集団キャラメルボックスの成井豊氏やサラリーマン向け自己啓発書を大量に書いている和田裕美氏らが所属している。一時期、書店チェーンのリブロと「カフェリブロ作家養成講座」というのをやっていて、何度か取材したことがある。養成講座に参加した人が企画書を持ち寄って発表し、アップルシード主宰者の鬼塚忠氏がコメントする。その様子をさまざまな出版社の編集者が見ていて、これはと思う企画に手を挙げるというシステムだった。私が取材したときは、『哄う合戦屋』（双葉社）で北沢秋氏がこの講座からデビューした直後だった。

ボイルドエッグズは、同社のサイトによると「わが国で初めて誕生した日本人作家・著者のための著作権エージェント」とのこと。社長の村上達朗氏は元早川書房の編集者だった。就職活動で早川書房に面接に来た三浦しをん氏に作家になるように勧め、ボイルドエッグズ設立後、三浦氏を所属作家にしたのは出版業界ではちょっと知られた話だ。新人発掘のためにボイルドエッグズ新人賞を長く続けている。万城目学氏や滝本竜彦氏はこの賞からデビューした。現在所属している作家には、小滝橋トオル氏や三浦佑之氏（『口語訳古事記』で知られる国文学者。三浦しをん氏の父）がいる。

株式会社コルクの創立は2012年10月だった。代表取締役社長の佐渡島庸平さんは三田紀房氏の『ドラゴン桜』や小山宙哉氏の『宇宙兄弟』をヒットさせてきた編集者。代表取締役副社長の三枝亮介さんは大江健三郎氏の『晩年様式集』や阿部和重氏の『ピストルズ』などを担当してきた。講談社の若手エース編集者が、会社を辞めてエージェントをはじめるというので、出版業界ではずいぶん話題になった。

話題になった理由のひとつは佐渡島さんと三枝さんがいたのが講談社だったからだろう。講談社や小学館は給料も高いし、知名度や信用度も抜群だ。それはたとえば編集者として本をつくるときに自由度が広がるということでもある。中小の出版社からの依頼は断っても、大手だったら受けるという作家もいる。それはお金だけが理由ではない。大手の出版社から出すほうが、その本を読む人は多いだろうし、取材などもやりやすくなる。それを捨てて会社を興すというのだから、驚いた人は多い。

なぜ講談社を飛び出してコルクをつくろうと思ったのか。きっかけは『宇宙兄弟』だったと佐渡島さんはいう。

「『宇宙兄弟』という作品にすごく自信を持っていました。日本だけでなく世界中で売れるべき作品だと」

作品に自信を持っていただけではない。売るためにやるだけのことをやったという自負が佐渡島さんにはあった。アニメと実写版映画の公開、1万5千人を動員するイベントの開催。関連本も10点ちかく出版した。しかし『宇宙兄弟』1巻目の販売部数は80万部だった。佐渡島さんにとって不本意な数字だった。

「ぼくは100万部を超えてくるだろうという感触だったんですよ。ところがそうはならなかった。出版業界を取り巻く環境が『ドラゴン桜』のときよりも悪化していると思いました。『ドラゴン桜』のときは、風が吹いている、世間に影響を与えていると実感したのに。『宇宙兄弟』はそうならなかった」

80万部か100万部かという数字の問題でもない。「風」だ。なんとなくの「風」を感じられるかどうか。人が書店でワクワクしている感じが減っている、とも佐渡島さんはいう。

コルク設立を思い立ったもうひとつのきっかけは海外展開だ。『宇宙兄弟』は世界中で通用する作品だと佐渡島さんは思っていたが、講談社の国際ライツ部の判断は「アメリカでは売れない」というものだった。打診したアメリカの出版社は「5千部売る自信がない」と回答してきたという。佐渡島さんが調べてみると、実際にアメリカでは日本の漫画がほとんど出版されていないし、世界でも読まれていないことがわかった。「クールジャパン」などといって、欧米はじめ全世界で日本の漫画が絶賛され、世界中の若者が日本の漫画に夢中だ、なんて思っている人もいるが、現実は違っていた。どこの国にもマニアックな人はいる。でもマニアックなファンがいることと、一般的に受け入れられて広いマーケットがあるかどうかは別のことだ。

「ものごとって、だめな理由を探そうと思うといくらでも見つけられる。アメリカ人は漫画を読む習慣がないから、とか。でも寿司はアメリカで流行っているじゃないですか。アメリカ人は生の魚を食べる習慣がなかったのに。アメリカで日本料理店を開いて、寿司を広げた人がいたからです。じゃあ、漫画をアメリカで広めようとした人間ってどれくらいいるんだろう。調べてみると、ほんとうに片手で数えられるぐらいしかいない、ということがわかりました」

だからコルクをはじめよう、と佐渡島さんは考えた。

ちょうど佐渡島さんは出版社という組織の枠の中で仕事をすることの限界性を感じてもいた。出版社は出版社の利益を最大化するために活動する。それは必ずしも作品（コンテンツ）の可能性を最大限に引き出すことと一致するとは限らない。

「『モーニング』編集部に10年間いて、そろそろ異動の話も出てきていました。ぼくが担当していた『ドラゴン桜』をどう運用するかは、全部ぼくに紐づいているので、ぼくが異動すると運用できる人間がいなくなる。死んだコンテンツになるんです」

どういうことか。

大手総合出版社の経営は雑誌を基盤として成り立っている。その意味で、大手総合出版社とは、雑誌というメディアを運用する会社といいかえられる。雑誌を運用するためには、常に新陳代謝していかなければならない。新陳代謝といえば聞こえはいいけれども、作家を切り捨てていくわけだ。作家の切り捨て方はいろいろだ。読者の人気投票で低い順番から切っていくとか、編集長やデスクが「つまらない」と判断したら切っていくとか。いずれにせよコンテンツの寿命は短くなる。そういうしくみなのだ。ＡＫＢ48など秋元康氏のアイドル・ビジネスは漫画雑誌のつくり方に似ている。アイドルグループを運用するためにメンバーを新陳代謝させていく。

「一方、手塚プロとか藤子プロなど個人事務所のあるコンテンツは寿命が長いんです。コンテンツ側で管理する人間がいないと、コンテンツの寿命は短くなる」

佐渡島さんの感覚では、作品の80％は運用によって寿命を長くできるという。ところが出版社のしくみでは、長期的に運用できるのは5％程度にとどまる。80％とか5％というのはあくまで感覚的なものだが、本来なら長く読み継がれるはずの作品が、出版社の都合で短命化させられているのだとすれば、それは作品にとっても作家にとっても読者にとっても不幸なことだ。

「ワインを長期的に保管するためには、いいコルクで栓をしなければいけないし、世界に運ぶときもいいコルクで栓をしなければいけない。作品を運ぶときも世界に残すためにも、コルクという会社が著作権を管理したほうがいい」と佐渡島さんはいう。

作品（作家、コンテンツ）と出版社が利益相反することは他にもある。たとえば出版社は他社と差異化するためにも作品を独占しようとする。でも作家の側にとっては、独占されるよりも複数の流通に乗るほうがいい場合もあるだろう。それはたんに金銭の問題ではない。

「たとえばサッカー・ワールドカップをNHKと民放の両方が放映する。視聴者もFIFAも文句をいわないでしょう？　文句をいうのは放送局。民放は、NHKが中継しなければうちの視聴率が上がるのに、と思うだろうし、NHKも同じ。独占したいというのはコンテンツの要求ではなくて流通側の要求です」

日本の出版産業では、出版社の社員である編集者が作家の創作行為をサポートするとき、出版社はそのまま流通の独占権まで手中にする。たとえば雑誌に連載した作品はその雑誌を発行している出版社から書籍版が刊行され、さらには文庫化もその出版社によっておこなわれることが多い。もちろん例外もあるけれども。

こうした出版社による独占はよくないことだと佐渡島さんは考えている。コンテンツを独占せず複数のメディアに乗せていくほうが、将来的にそのコンテンツの価値を高めるからだ。

2014年に著作権の一部が改正されて電子書籍の出版権が設定された。この改正をめぐる議論のなかで、出版社側と著作権者（作家）側で対立したのがこの点だった。出版社側は電子書籍の出版権を紙の書籍の出版権と一体のものとして扱うよう求め、著作者団体は別個のものとして扱うよう求めた。法律は後者の意見に沿って改正された。

佐渡島さんはいう。

「いまビジネスのルールがものすごい勢いで変わっています。産業革命より大きな変化かもしれません。出版界の人びとは、それを的確に捉え、理解できているだろうか。これまでのルールだと、経営者が考えることは基本的に効率化でした。コンテンツをつくって、マーケティングして、それを売る。会社の利益を大きくするためには、いいコンテンツをより安くつくり、より安く広告し、より支払いを少なくしていけばよかった。それぞれの会社によって工夫するポイントは違いますが、基本的にどの出版社もやっていることは同じでした。いや、出版界だけではない。トヨタと日産とホンダの戦いも同じですし、ユニクロとH&Mの戦いも、セブンイレブンとローソンの戦いも同様です。その産業の構造をよく理解して、より効率よくできた人が勝つ。ユニクロもニトリも、圧倒的に効率的にして利益を出した。ビジネスモデルは産業ごとに決まっていて、その中で効率化するというのが経営者の仕事だった。だからマネージメントが重要だった」

そうしたルールが変わりつつある。とりわけ出版のようなコンテンツ産業では顕著だ。インターネット、そしてスマートフォンの普及がルールの変更を迫っている。

「すべてのビジネスがスマートフォンの中に集約されようとしています。ここではコンテンツを売るのにさまざまなやり方がある。無料で見せて広告で稼ぐというビジネスモデル、時間を単位にして売るというビジネスモデル、見る前に課金をするビジネスモデルというように。紙の本では、出版社がお金を得るのは消費者が書店で本を買うときだけだった。ところがスマホの中では、どのタイミングで課金するのかだけでなく、何に課金をするのかもさまざまです。時間への課金なのか、所有への課金なのか、満足度への課金なのか。ビジネスモデルの構築のしかたもそれぞれの企業でことなります。だから同じようにスマホでコンテンツを提供しているのに、企業によって儲けがまったく違うということも起きてくる。インターネットやスマートフォンの普及にともなってビジネスのルールががらっと変わり、物流の価値は相対的に力を落としているにもかかわらず、それが理解できていない出版関係者が多い」

典型的な例がサブスクリプションモデル＝定額読み放題サービスだろう。紙の雑誌では考えられないビジネスモデルが、100万人単位で読者（というよりも「ユーザー」と呼びたいけれど）を惹きつけている。もっとも、この新しいビジネスモデルとて、5年後、10年後はどうなっているかわからない。時代は常に変化していく。

既存の出版社では変化していくビジネスのルールに対応できない。だからコルクのような、出版社の枠にとらわれず、作家と作品の利益を最大化するための事業体が必要となる。

エージェント・ビジネス、具体的にお金はどのように回っているのだろうか。

エージェントは作家の収入からお金を得る。原稿料や印税の一部が作家からエージェントに支払われる。標準的な印税率は本体価格の1割程度といわれる。もっとも最近は印税率も算出方法も多様化していて、何が「標準的」なのかわからなくなってきているが。私が以前取材した出版エージェントでは、エージェントが仲介することで印税率を引き上げ、そこからエージェントの取り分を捻出するのだといっていた。たとえば著者が出版社と直接やりとりしていたのでは印税率10％のところを、エージェントが交渉して14％にする。獲得した4％の半分をエージェントの報酬とすれば、2％がエージェント、12％が著者の取り分だ。

しかしコルクの場合は、そうした出版エージェントとは考え方が根本的に違うと佐渡島さんは話す。

「出版エージェントにとって最も重要な仕事は、作品を刊行する出版社を見つけることです。刊行後のコンテンツの運用は必ずしも重視されない。ぼくらコルクは逆です。出版による利益は全体の1割ぐらいでいいと思っています。9割は出版以外で稼ぐ。ぼくらコルクは作家のエージェント会社であり、クリエイターのエージェント会社です。出版エージェントではありません。タレント・エージェントとも違う。タレント・エージェントは、タレントのスケジュールを24時間、365日、どう埋めていくのかが仕事であり、1時間あたりの単価をどうやって上げていくかというビジネスです。コルクは作家ではなく、作家が作り上げたコンテンツを、24時間、365日、複数の場所でどうやって働かせるかを考えます。作家ではなく作品のマネージメントをしている」

実際のところ、コルクが扱う作家の、出版社から出る書籍・雑誌の売上は増えているが、さらにそれを上回って出版社に依存しないものの売上が伸びているという。つまりコルクを介することは出版社にとってもハッピーだが、作家（とコルク）にとってはもっとハッピーな状況になっている。出版社に依存しないものとは、映像であり、広告であり、物販だ。

広告をめぐる佐渡島さんの話が興味深い。

これは講談社の場合ということではなく、どの出版社でも多かれ少なかれその傾向があるという話。たとえば広告代理店が作家を広告に起用したいと考えるとする。掌編小説が載るようなイメージ広告だ。広告代理店はまず出版社に連絡するだろう。編集者が作家の連絡窓口になることが多いからだ。編集者はその依頼を作家に対してどのように伝えるだろうか。

「その案件がつぶれるようなかたちで、編集者は作家にその案件を伝えるだろう」と佐渡島さんはいう。

なぜなら、その広告の仕事で作家が忙しくなると、自分が担当している雑誌の原稿が遅れてしまうかもしれないからだ。編集者はそこを心配する。出版社における編集者の人事評価は、担当する作家がどれだけ締め切りを守り、計画通りに雑誌や書籍が刊行できるかどうかで決まってくる。作家が広告の仕事で収入が増えるかどうかなんていうことは、出版社にも編集者にも関係ない、と思っている。現実には作家の作品がさまざまなかたちで露出し——たとえば新聞の広告に載った掌編小説——その作家に共感する人が増え、読者が増えるなら、本の売れ行きも伸び、出版社も潤い、社員である編集者の給料だって上がるかもしれないのだけれども……。でも、そんな、「風が吹けば桶屋が儲かる」ような話よりも、まずは目先の締め切り厳守なのである。だから作家は社会的知名度があるのに、広告への起用が少ないのだと佐渡島さんはいう。

「ですが、作家にとっては、たとえば酒というテーマで短編を書くとき、小説誌から依頼されるのも広告代理店から依頼されるのも、作品を書くうえでは同じだったりするわけですよ。もちろん広告代理店からの依頼は、クライアントからの細かな要求があるかもしれないけど、そこはぼくらエージェントが間に入って仕切ればいい。しかも原稿料はケタが違うわけですよね」

作家が原稿料と印税だけで生活していくことが難しい時代だ。作家にとっても経済的なメリットは大きい。しかもエージェントを通して広告の仕事が入ってくることの作家にとってのメリットは金銭面だけではない。

「ある作家は自分のキャリアを意識的にマネージメントしていこうと考えています。作家として第1期ではこういうふうに書く、第2期では実験的なことをやる、第3期では……というふうに。自分を作家としてどう成長させていくべきかを考えている。ところが作品がちょっと当たると、その作家のもとにたくさんの出版社から依頼が殺到します。列をなしている編集者たちは、『実験的な作品をお願いします。うちは売れなくてもいいので』なんて絶対にいいませんよね。むしろヒットした作品と似たものをやってくれと要求する。そのとき編集者は作家のキャリアマネジメントなんてまったく考えていません。コルクなら作家の課題意識を把握していますから、たとえば広告の案件が来たら、代理店とクライアントに対して、「いま作家はこういうことを思っているので、こういうふうなところが落としどころです」という話をします。すると作家の課題意識を重視した上で、クライアントも納得できる仕事ができる。できあがった作品のクオリティは高く、すぐ完成原稿として本にできます。出版社としては原稿料を払わずに本を出せるのでラッキー。すでにそういう状況が生まれています」

作家に限らず、クリエイターにとって自己模倣は危険な罠だ。スタイルを確立したなどといえば聞こえはいいが、同じことの反復である。たしかにそれで満足する客（読者）も多いだろうが、そこに創造性はない。出版社は作家に創造性よりも自己模倣を要求する。革新的だけれども売れないかもしれない作品よりも、陳腐で凡庸だけどある程度は確実に売れる作品のほうが、ビジネスとして好ましいからだ。エージェント無しでの作家はひとりで出版社と立ち向かわなければならないが、エージェントがあればエージェントを防波堤にして作家は創造性を発揮できる。

広告や映像化による収入だけではない。コルクは作品を読者に直接販売して利益を得るシステムを構築しようとしている。そのツールとなるのがSNSだ。SNSはどれだけの頻度で投稿できるかでアクセス数が決まる。専門の担当者をつけて、毎日、数回、新しい情報を投稿できるようになった。

「ミュージシャンのようにフォロワーが数十万人というレベルにはなかなかできませんが、たとえば『宇宙兄弟』で3万人がフォローしています（現在では5万7千人）。これによっていろんなことができるようになりました。『宇宙兄弟』の最新刊をコルクで仕入れて直販したら、あっという間に売り切れた。取次を通さずに出版社から直接仕入れると、仕入れ値は定価の70％。つまり30％がコルクに入ってきます。さらに印税10％が入ってきますから、合わせると40％になります。直販すればリスクなしで40％が入ってくる。いまは直販で売れる部数は全体の1％ぐらいですが、これを10％ぐらいに持っていくだけで収益はぜんぜん違います」

たとえばKCコミックの『宇宙兄弟』を例に考えると、本体価格が571円。80万部売れたとして4億5680万円。その10%で4568万円。その40%で1827万2千円。コルク以外で売れる72万部については印税が4000万円あまり入ってくるから、トータルで6000万円近くになる。もちろんこれはたんなる皮算用であり、架空の計算ではあるけれども、コミック1巻でそれだけの利益を上げられる可能性があるということだ。

しかも直販の送料は読者負担である。ネット書店なら送料無しで配達してくれる本を、わざわざ送料を負担してでも作家本人（実際にはコルク）から買いたいと思っているファンがたくさんいる。オリジナルのポストカードがつくにしても、やはり「作者から直接買う」というところにプレミア感があるのだろう。自分が好きな作家とつながっている、という感覚だ。

「まだぼくらはつたなくて、作家から本を買う喜びみたいなものを十分に演出できていません。インターネット上でどう演出していくのか、それを見つけるのがさしあたっての課題です」と佐渡島さんはいう。

これをどうぞ、といって佐渡島さんが1冊のコミックを私に手渡した。羽賀翔一氏の『ケシゴムライフ』。発売元は徳間書店だが、発行はコルク。発行人も佐渡島庸平となっている。コルクがクラウドファンディングで資金を集め、流通は徳間書店に委託した。

「新人の本なのでそもそも売れませんし、売れた分はまず出資者の皆さんにお返ししています。コルクの儲けは少ないけれども、ぼくらはこの本を新人を育てるための宣伝物だと思っているんです。そう考えるとかなり安い。８０００部作っても、経費は１００万円ぐらいしかかかりません。１００万円で羽賀翔一という作家を有名にしようとしているんです」

クラウドファンディングしているからリスクもない。書店から返品された本は、通常なら力バー掛け替えなどの改装をして再出庫するが、佐渡島さんたちは徳間書店の倉庫から引き上げている。そして、こうして会った人に配っている。私のような者に手渡されても豚に真珠だが、的確な人に渡れば羽賀翔一氏の名を知らしめるいい道具になるだろう。

「こうやって5年間で、羽賀翔一にお金を払ってもいいという人を5千人まで持っていく。5千人に直販できる状況をつくります。そのためには『ケシゴムライフ』が単体で黒字化しなくてもOKなんです。むしろ売れなかったらラッキーだと思う。なぜなら買った一部のコアの人と濃密なコミュニティをつくれるから。ファンドにお金を出資してくれた人や、ファンになってくれた人たちに、『この本は売れてないよ』といっています。『買ってくれたあなたたちは特別な人たちだ』と」

私たちが佐渡島さんに会う前の日、都内で羽賀翔一氏のイベントがあったそうだ。たった20人しか入らないイベント。客席にはわざわざ福岡からやってきた大学生がいた。なけなしのお金で福岡から来て、1泊予定で参加している。そして実物の羽賀翔一氏に会い、羽賀氏の話に感動して、「やっぱり羽賀君が好きです。コルクでインターンをさせてください！」と佐渡島さんにいった。彼はコルクでインターンをし、インターン終了後は福岡に戻って、ネットで羽賀翔一氏のSNS運営を担当することになるだろう。

「作品は深く刺さる場合もあれば、浅く消費される場合もある。深く刺さる人と浅く消費する人の行動パターンがいままでは同じだった。それを可視化することができなかった」

と佐渡島さんはいう。深いファンも浅い消費者もレジでお金を払うということでは同じに見えてしまう出版社＝取次＝書店という流通システムの限界だ。コルクはそこを崩していこうとしている。クリエイターを頂点としたファンクラブをつくり、可視化して、ファンが欲しいものをつくり、ファンがお金を使えるようにする。

「お金を使うことは、基本的に楽しみですから」と佐渡島さんはいう。

「ぼくらがやろうとしているのは産業構造を変えることです。クリエイターの人たちは積み上げ型で、いまある仕組みに積み上げていくということしかできない。クリエイターを支えるしくみをつくるためには、産業構造を変える視点を持っている人間が入ってこなければならない。既存のシステムに乗った事業なのか、それとも新たなビジネスをつくろうとしているのかという違いは大きいと思いますね」

作家の頭の中にあるものを作家自身がコントロールできるようにする。たとえば漫画を映像化するとなると莫大な資金が必要になる。それを外部の会社に任せてしまうのではなく、作家が自分のリスクマネーでつくるようにしたいと佐渡島さんはいう。

「そうするだけで日本のアニメの質はもっと上がります。お金のリスクをぼくらが管理して、作家までリスクが及ばないようにします」

インタビューの最後に、5年後の日本の出版界をどのように予想しているか訊いた。

「出版流通は非常に堅固なシステムで、ほんとうによくできていると思います。それによって作家の人たちも書きやすい状況がつくられていた」

過去形ですか？　と問う私に、佐渡島さんは続けた。

「システムは現在でも生きています。作家が書きやすいかどうかは別として。堅固なシステムとしては生きている」

しかし、危機に瀕していると佐渡島さんは見る。なぜなら出版社が自分を定義できなくなっているからだ。

「出版社は出版流通を持っている会社なのか。じゃあ、物流を押さえている他産業の給与水準はどのくらいか。そう考えると、出版社の給与水準はおかしい。では出版社はコンテンツメーカーだといえるだろうか。しかしコンテンツメーカーなら、自分たちのメディアにこだわってはいけないはずです」

自己定義が曖昧な産業は崩れていくと佐渡島さんは予言する。

「ぼくらはこの2年間、自己定義をしようとしてきました。コルクは出版社でもないし出版エージェントでもない。作家エージェントであり、作家のためにファンクラブをつくる会社です。ファンクラブをつくりそこをマネタイズする会社です」

コルクにとって出版物は、いわばファンクラブの会報である。

佐渡島さんにインタビューした音声データを聞き返しながらいろいろ考えた。この数十年、日本の出版界は、走るレールを間違えてきたのではないか。出版社や書店、取次といった企業の存続を優先させるあまり、肝心の本や読者を置き去りにしてきたのではないか。それは佐渡島さんがいった「メディアの鮮度を保つために作家を切り捨てる」ということに象徴される。個々の本が読者に届き、長く読まれることよりも、会社の存続を優先させようという人びとが出版界を支配してきた。本を世に送り出すためにつくった出版社が、いつのまにか出版社を存続させるために本をつくるようになる。書店も取次も同様。存続することが自己目的化して、手段と目的が逆立ちしてしまう。「本が売れない」という状況は、その帰結だ。しかし「本が売れない」のは「新刊書が新刊書店で売れない」のであって、「本が読まれていない」のとは違う。メディアのかたちがどうであれ、コンテンツの寿命を延ばしていく、というコルクの考え方はきわめて正しいと思う。

case
08

SPBS《シブヤ パブリッシング アンド ブックセラーズ》の場合

SPBS

スタイルが大事とかいわれますが、自分の好きなものだけを売って、スタイルのために心中するみたいな考え方は、ぼくには一切ありません

—— 福井盛太さん

シブヤ パブリッシング アンド ブックセラーズ、通称SPBS《エスピービーエス》は、編集・出版をする書店であり、本も売る出版社・編集プロダクションでもある。こうした業態の会社は珍しい……と書こうとして、「ん?」とキーボードを打つ手が止まる。書店が出版をする、出版社が小売もする、というのは珍しいことではない。紀伊國屋書店は出版部を持っていて人文書を中心に出版活動をしているし、日本の株式会社第1号といわれる丸善も、早くから出版と小売の両方をおこなってきた。銀座の教文館もそうだ。三省堂と三省堂書店ももとは同じ会社。地方でも古くからの歴史を持つ書店は、出版も手がけるところが多い。むしろ昔は編集・出版と小売が一体化していて、それが分化していったと考えた方がいいのかもしれない。その意味では、SPBSは出版という行為の原点回帰といえる。

しかし、SPBSのやっていること、やろうとしていることは、紀伊國屋書店や丸善とはずいぶん違っている。ひとつは「見える」ということ。SPBPのオフィス部分と店舗部分は透明なガラス窓で仕切られているだけ。店舗の側からオフィス内がよく見えるし、オフィス側からも店舗が見える。渋谷・神山町の商店街に面したビルの1階なのだが、ファサード全体が透明なガラスなので、通りからも店内、そしてその奥のオフィスが見える。不思議なもので、人は見えるものがあると見てしまう。奥にはなにがあるのかとのぞき込んでしまう。

SPBSがめざすのは、出版もする書店とか、小売部門も持つ出版社ではなく、もっとラジカルな本の産直だ。同社のサイトにはこんな言葉がある。

〈作家が自らの筆で原稿用紙に書き記し、自ら装丁し、お客様に手渡す……。それが書籍の原点だとするのなら、あえて、その原点に返ってみたい。〉

手打ちそば屋や自家製パン屋のような、あるいは客の前で調理をする割烹やオープンキッチンのレストランのような書店とでもいうか。

サイトには次のような文章もある。

〈いろいろな事業をしているように見えますが、その中にある芯の部分は、創業以来変わらぬ「編集力」です。
企画する力、プロデュースする力、伝える力、売る力、捨てる力、拾う力、受け止める力、折り合う力、そして、あらゆる努力を続ける力。
そのすべてを「編集する力」だととらえています。
書店で売るものは、流通会社の自動配本に頼らず、自分たちで「編集」する。

書籍だけにとどまらず、場を生かした雑貨のラインナップを「編集」する。

つくる書籍などのコンテンツは、魅力あるものに、役立つものに、目的に応じて「編集」する。

知性と感性を刺激し合う場、イベント等を「編集」する。

こうした事業を支える経営方法を「編集」する。

ひとりひとりがそんな編集者として成長していくことで、
ひとりでも多くの人に、喜びや驚きを届けられるようになりたい。〉

創業して間もなく9年、SPBSは出版社という枠にも書店という枠にもおさまらなくなった。若い女性向けの雑貨店も運営するし、Webの製作もおこなう。既存の言葉、既存の概念では表現できない企業になっている。

SPBSのオフィス兼店舗のある神山町は、駅でいうと渋谷駅と代々木公園駅（千代田線）・代々木八幡駅（小田急線）の中間ぐらい。たとえば渋谷駅から行く場合は、東急本店通りを進んだ奥である。近くにはNHK放送センターがあり、松濤のお屋敷町と山手通りを挟んだ向こうには東京大学の駒場キャンパスがある。渋谷駅周辺の喧噪からはなれた落ちついた街だ。

08

SPBSの場合

SPBS代表の福井盛太さんは、早稲田大学を卒業してプレジデント社に入社、営業職や企業からの受託出版の編集、ビジネス誌『プレジデント』の編集に10年あまりたずさわったのちに同社を退社した。1年ほどニューヨークに滞在して、帰国後はフリーランスの編集者をしていた。

SPBSをはじめるきっかけとなったのは堀江貴文氏との食事だった。ライブドア事件以前から取材等で堀江氏とつきあいがあり、事件の報道のされ方や裁判の行方については違和感を持っていたという。一審判決後、「食事でも」という連絡があり、一緒に中華料理を食べた。2軒目、3軒目と飲みに行く間も、堀江氏の話題は仕事のことばかりだった。「敗訴してこういう状況になっても、仕事の話をし続けるなんて、根は真面目な人なんだな」と思って聞いていた福井さんに、堀江氏は「夢はないんですか」と訊いたという。

「正直、夢ってなかったんですよね。当時はフリーの編集者をやっていましたけど、それなりに満足していたし、次になにをやろうかと考えたこともなかった。だけど、ちょっと思いつきで書店のことを話しました」と福井さんは振り返る。

ニューヨークに滞在しているあいだ、福井さんがよく足を運んだのは書店だった。特に目的もなくニューヨークに行き、知り合いがいるわけでもなく、孤独を感じた彼にとって、書店は救いの場所だった。なにをするということもなく、棚を眺めながらぼんやり時間をすごした。それも、大型店やチェーン店ではない、いわゆる街の本屋、インデペンデント系の書店によく通った。そのときどうして東京の書店は画一化していてつまらないんだろうと思い、もやもやした気持ちを抱えたまま帰国した。堀江氏に夢はないのかと訊かれたとき、思い出したのがそのことだった。

以前から友だちと「あったらいいね」と話していた書店があった。「そこでつくって、そこで売る書店」だ。たとえば、メジャーな作家がそのためだけに書いて、それを本にして売ることができる書店。

福井さんの話を聞いた堀江氏は「面白いじゃないですか。やったほうがいいですよ。福井さんもカネを出してリスクを取れば、ぼくも金を出すから」といった。結局、堀江氏がファウンダーであるSNS（宇宙ロケット開発関連の会社）が資本金のうちほとんどを出し、福井さん自身も出資した。

SPBSのある神山町界隈は、ここ数年、「奥渋谷」などといわれて、流行の発信地となっている。オスロのカフェ、フグレンや、ロンドンの雑誌『MONOCLE』のショップもこの近くにある。

08

SPBSの場合

「最初は、文化的といわれているんだけど書店があまりない地域に書店を出したいなというふうに思っていたんですね」と福井さんはいう。想定したのは表参道や原宿、代官山など。しかし調べてみると家賃があまりにも高い。どう計算しても書店で採算が合う場所ではない。都心から少しはずれた、千駄ヶ谷や池尻大橋、そしてこの神山町などをなんとなく思い描いていた。

そんなある日、故・中村勘三郎氏の「コクーン歌舞伎」を元サッカー日本代表監督の岡田武史氏と見た帰りに、興奮した状態で歩いたのがこの通りだった。演目は『三人吉三』だったという。ふと見ると「テナント募集」とある。坪数は200平米以上の約70坪。福井さんはこのビジネスには立地と建物の形状、そしてある程度の広さが必要だと考えていたが、物件はその条件にぴったりだった。

神山町は歴史のある街だが、原宿や代官山のように、商業地として成熟しきっているわけではない。そこがいいのだと福井さんはいう。プレジデント社の新入社員だったころ、少し先の元代々木町に住んでいたので土地鑑はある。利便性が高く、いわゆる業界人や富裕層も多く住むのに、派手さはない。

「すでにできあがっている街は家賃が高いし、競合も多い。でもここなら競合はないし、街としてのポテンシャルがある。ただ、単独ではやっていけない。街そのものが盛り上がって活性化しないと、ぼくも書店も生きていけないだろうと思った」と、当時の感触を振り返る。

福井さんは神山町が面白くなっていくだろうと感じた。2007年のことである。福井さんの予感は当たった。というか、彼とSPBSが核となって、「奥渋谷」を盛り上げてきたといってもいいかもしれない。紙媒体、ウェブ媒体、電波媒体などで、このあたりの店や街そのものが取り上げられることが多くなった。

店舗・オフィスの設計は中村拓志《ひろし》氏、74年生まれ。30歳のときに銀座のランバン・ブティックで日本小環境設計家協会JCD賞準大賞を、32歳で三重県桑名の美容院で同賞大賞を受賞している。SPBSを手がけた2007年に竣工した集合住宅では日本建築家協会賞も受賞した。

中村氏は物件を見てひとこと、「面白くなると思いますよ」といった。間口が狭く奥に長い、いわゆるうなぎの寝床のような空間である。それを通り側から見て前後に仕切り、通り側を店舗に、奥側をオフィスにした。通り側は全面ガラス窓。店舗とオフィスの間もガラス窓。店舗は真っ白な空間だ。

「真っ白な書店って、意外と珍しいんですよね。書店というと、木を思わせるベージュや茶、グレーを基調にした空間が多いから。中村君がスーパーだなと思ったのは、壁面が白いと撮影に使われやすいっていうんですよ。女性の肌がきれいに写るので、ファッション撮影なんかの依頼があるからって。それを聞いて、すごいなあと感心しました。実際にその通りになったんです」

店舗をつくるにあたって、ほかの書店は参考にしなかった。ヒントになったのはニューヨーク滞在中に通ったインデペンデント系の書店だった。日本の書店はビジネスモデルとして終わっている世界だから、参考にしても意味はない。意識したのは、ファッションのセレクトショップや雑貨屋など、うまくいっている業態だ。この時点では、4年後にファッション雑貨のショップを大型商業施設内に展開することになるとは福井さん自身、予想もしていない。

開店時の本のセレクトはブックディレクターの幅允孝《はばよしたか》氏。書店部分のスタッフは幅氏の紹介でTSUTAYA TOKYO ROPPONGIにいた三田修平氏が加わる。のちに三田氏はSPBSを退社して移動書店「BOOK TRUCK」をはじめ、さらには西横浜で古書店「三田商店」をつくる。

当初、棚は年代別になっていた。1960年代の文化を紹介する棚、1970年代の文化を紹介する棚、というふうに構成されていて、壁面がまるで背表紙で見る現代世界文化史年表のようだった。ほかに類例のないユニークな構成だった。

「もともと編集屋なので、企画とか編集というものを三次元空間でやっているようなところがあります。棚というのは書店の生命線です。30坪という小さい空間ですから、棚がすべてです。最初に幅君から出てきたのは、いいアイデアだけど、どちらかというと、既視感のあるものでした。旅の棚とか食の棚とか。でもぼくは編集屋として、もう少しエッジを効かせたいと思いました。見た人が〝なんだ、これは〟というぐらいの。よく雑誌で年代別の特集ってあるでしょう？　80年代特集とか、70年代特集とか。あの感覚でつくったら面白いんじゃないかと幅君に逆提案しました。幅君は最初、ぽかんとしていて、でもアリなんじゃないですか、といってくれて。コンセプトが決まると、彼はプロフェッショナルですから、じゃあ、60年代の空気をあらわしている面白い本は、なんて感じでどんどん本を選んでくる。あとはぼくが細かなリクエストを出すことはありませんでした」

福井さんが注意したのは、幅氏がセレクトした本がハマりすぎないこと。完璧すぎると図書館のような、博物館のような棚になってしまうのだ。観賞するにはいいけれども、購買意欲は刺激されない。人が買う気になるには、隙間というか、ノイズが必要だ。

ＳＰＢＳの主要コンセプトである「その場でつくって売る」ための本であるが、まずは雑誌『ＲＯＣＫＳ』をはじめた。２００８年6月に出た創刊号の特集は「気骨の活字」。

連載には岡田武史氏や元ピーチジョンの野口美佳氏など、福井さんがそれまで編集者として一緒に仕事をしてきた人々の名前が並ぶ。

当初はSPBS限定で販売していた。しかしここだけでは限界があるので、全国の書店にも直で卸すことにした。

「最初は3000部ぐらいではじめて、つぎは5000部ぐらいまで増やしたんですけど、がんばれば売り切れるかなという感触でした。でも、手間暇がかかるのと、売り切るにはそれなりの労力がいるので、これは大変な仕事だなとも思いました」

『プレジデント』をつくっていたのとは勝手が違うし、1冊の雑誌を売るのがいかに大変なことかを知った。

「営業と編集というのはセットなんだと実感しました」という。

『ROCKS』は2011年2月発売の7号（特集は大河ドラマ）までつくられた。号によっては講談社を発売元にするなど、流通について試行錯誤した。いろいろやってみて、全国流通で出すことのリスクや大変さがわかった。とはいいながらここでつくって販売するというコンセプトは守りたい。そこで小冊子を連続でつくっていくことにした。ちょうどリトルプレスやZINEが注目されるようになってきた時期だ。

いまSPBSが出しているのは「Made in Shibuya」というシリーズのZ

INEで、限定250部から400部の小ロット、不定期刊行の小冊子である。黒字は出ているが、仮に売価1000円で250部つくって完売しても25万円だ。そこから製作費を引いたらいくら残るか。目的は金額的な利益ではなく、SPBSがこうしたものを出す場所であること、「Made in Shibuya」の読者との接点であることを維持し、コンセプトを守っていくことが大切なのだと福井はいう。他の多くの工業製品でもそうだが、読者にとって、いま手にしているこの本がどこでどのようにつくられたのかはわからない。一種、ブラックボックスになっているわけだが、SPBSの場合はガラス窓の向こうにそのZINEをつくっている現場が見えている。また、つくり手の側にとっても、売れる現場がつねに見えているというのは大きなことだ。

「いまインターネットの商売ってすごく隆盛ですけど、場所にかかわるというのはネットでやるのとはまったく違う感覚があります。こうやって店を構えているといろんな人が来て。企画というよりも商売のネタを持ってくる人が多いんですけど、やっぱり話しやすいんでしょうね」

開かれた場所であることの利点だ。

『ROCKS』から「Made in Shibuya」へということにもあらわれている

ように、SPBSは変化し続ける出版社／書店である。まず、オフィスの一部をシェアオフィスにして、家賃収入を得るようにした。まだ「シェアオフィス」という言葉もそれほど一般的でなかった。机ひとつで月額5万円。8人が入れば、毎月40万円の収入になる。

シェアオフィスをはじめたのは、追いつめられていたからだ。什器類までオリジナルでつくるなど、内装にけっこうお金がかかった。家賃は100万円以上で、スタッフは4〜5名いるから固定費はかなりのものになる。資本金はみるみるなくなっていった。堀江貴文氏は経営に口を出さない。「勝手にやってくれ、つぶれるときはつぶれてくれ」というスタンスである。そもそも堀江氏はSPBSで儲けようと思っていない。ほとんどエンジェルのようなものだ。「だからこそ、きびしさも教えてくれた」と福井さんはいう。

「ぼくの中にどこか甘さがあったんですね、困ったら頼ればいい、と」

そういえば、創業当初は、〝ホリエモンがカネを出している書店〟ということで、寄ってくる人も多かったという。SPBSにぶら下がれば、カネを引き出せると期待したのだろう。

追いつめられた福井さんが考えたのは、まず手持ちの資産でどう稼ぐか。

「いかにこの面積を回転させるかを考えると、広いスペースがあったら分割して貸すとか、店が眠っている時間帯にイベントをやる。それは珍しいことでも何でもなくてビジネスの王道だと思うんです」

ここ数年、書店界では雑貨の販売をはじめたりカフェを併設したりというのが流行のようになっている。本は再販制による定価販売だから書店に価格決定権はなく、マージン率も2割程度と低く抑えられているため、書籍・雑誌以外で稼ぐしか生き延びる手段がないからだ。だが福井さんは、商材を増やすのではなく、空間の一部をシェアオフィスとして貸し出すということを考えた。

「おカネも底をついていて、さらに投資をする余裕はなかった。飲食はリスクがありますし、物販も街の盛り上がりと一体のものだから時間がかかる。いま手持ちの駒でなにができるかというと、ここを貸すことでした」

ビジネス誌の編集者としてさまざまなビジネスを見てきたからこその発想かもしれない。シェアオフィスには思わぬ効果もあった。オフィスの借り手はデザイナーなどが多いが、彼らを訪ねていろんな人が出入りするようになる。「奥渋谷」に注目が集まるようになってきたことともあいまって、SPBS全体が活気づいてきた。

セミナーやワークショップ、トークイベントなども頻繁におこなうようになった。それまで書店のイベントは無料が多かったが、SPBSは1500円程度の有料にした。この金額は書店イベントの標準となった。

また、会社のPR物やアーティストのツアーパンフの製作など、編集プロダクション的な仕事も増やした。

「シェアオフィスの収入や出版物の下請けで売上の下支えをしながら、早く店が盛り上がってくれればいいなと、じっくり待っている感じでした」と福井さんは振り返る。

書店部分の棚は、年代別という構成をやめて、ライフスタイル／ライフデザインに役立つような品ぞろえになった。こまめにフェアを展開し、雑貨類も多くなった。

「年代別の棚って、セレクトするのが大変なんですよ。うちには2000タイトルぐらい本があると思うんですけど、それを1冊1冊年代に合わせて並べていくのは大変な作業です。しかも当初は深夜2時まで営業していたので、現場から悲鳴があがりました。そんなに儲かっていなかったので、スタッフに過度な負担がかからず、コンセプトとしては独自性のあるものに変えました」

2012年春から、店長は三田修平氏にかわって鈴木美波氏になった。経営が軌道に乗ったと実感するのは、2013年ごろからだ。東日本大震災以降、世の中の消費マインドが変わったのと、鈴木氏による女性の感性に合う店づくりとが、期せずしてシンクロした。

「ファッション誌とか写真集とかが多くて、男の子路線のちょっとエッジが効いたセレクトだったのが、受けいれられなくなった。売れる本が明らかに変わっていた。震災以降は、エッジよりも癒やしとか家族とか、ほっこりするものに変わった。着るものより食い物という時代になった。そのようなときに店長が女性になっていたというのは大きかったと思います」

そこにあるのは、リアルな生活感であり価値観である。いまは〝共感の時代〟なのだと福井さんはいう。

「かつては、インテリやマニアックな人が、すごい棚を見せて、どうだ、この価値観についてきてよ、なんていう書店の傾向がありましたけど、SNS全盛の時代になって、ふつうの人が共感するものがリツィートされたり拡散していくようになった。とくに消費の現場ではいい意味での〝ふつう〟〝等身大感〟みたいなものが重要になってきたと思う。そのなかで、ふつう目線でセレクトしている書店って、意外となかったんですよね。うちのスタッフの子たちはふつうの子です。書店は大好きなんですけど、めちゃめちゃ本に詳しいとか、すごく勉強をしてきたとかという人ではない。書店に対する愛情だけでスタートして、コツコツ勉強して、努力して、本の知識を増やしているんです。そういう姿勢にふつうの本好きの人たちはシンパシーを感じるんじゃないかと思うんです」

それまで月商200万円台の後半だったのが、いまでは6~700万円を超えるまでになったという。倍増以上だ。ちまたではこの10年で売上半減などという書店もめずらしくないのに、驚異的なことである。

「お客さまが求められているものを、ていねいにセレクトしていく。売れ筋をきちんと見ていって、時代の空気とか流れに寄り添っていないと、商売として成立しません。スタイルが大事とかいわれますが、自分の好きなものだけを売って、スタイルのために心中するみたいな考え方は、ぼくには一切ありません。組織である以上、未来永劫続いていくしくみづくりがぼくの仕事だと思っています。そのためには時代と寄り添っていかないと」

出版界にはいまだに「80年代リブロ池袋店神話」みたいなものが生きているが、そんな化石にしがみついていては滅びるだけだ。

２０１２年の春、かつて東急文化会館があった場所に渋谷ヒカリエがオープンした。東急文化会館には三省堂書店があったが、ヒカリエに書店はない。

福井はヒカリエ１階の入口前という好立地に、「ＳＰＢＳ ａｎｎｅｘ」（現在はＣＨＯＵ《シュ》に名称変更）を出店した。こちらは書店でもなく編集室でもなく若い女性向けの雑貨店、しかも約2週間ごとに商品を入れ替えていく雑貨店である。

当初、ヒカリエ側から出店依頼があったときは、ビジュアルブックなどを中心とした書店として考えていた。しかし他にどんなテナントが入るのかなどを詳細に検討していくと、とうてい本を売って食べていけるところではないとわかった。そこで思い切って雑貨だけにすることにした。

「社員からもかなり反対されました。ＳＰＢＳらしくないと。でもぼくは、そこの客層と向き合わずに自分のスタイルだけ貫くほうがよほどかっこ悪いと思ったんですね。お客さんを無視するのはどうなのか。お客さんに合わせるべきだと思った。あの立地では女性向けの雑貨屋が受けいれられるだろうと判断しました」

結果は大成功だった。わずか6坪半の小さな店舗にもかかわらず、月商１６００万円を超える月もあるというから驚きだ。

２０１５年春には、大阪梅田の駅ビル、ルクア１１００《イーレ》にも出店。こちらもＪＲ側からの出店依頼だった。三越伊勢丹が出店して話題になったがふるわず、大幅に縮小。かわって好調のルクアを跡地に展開したのがルクア１１００である。デベロッパーの側もかなりの意気込みで声をかけてきた。面積はヒカリエ店の倍以上、15坪あるが、一般的なセレクトショップを展開するには狭い。

「本屋も同じですけど、小さな面積でセレクトショップをやっても、半端な感じにしかなりません。だって、セレクトショップって、目的買いのために行くというよりも、なんか買いたいものあるかな、という感覚で行きますよね。それは、広い売り場になんでもそろっている店＝セレクトショップだからこそ。小さい面積のセレクトショップがあっても、品数が少ないなとしか思ってもらえない」

だから2週間で商品を変えるような店にした。

「それはある種のリスクヘッジにもなっているんです。企画がコケても次のネタを仕込めばいいんだ、と。雑誌のつくり方と同じですよね。今月コケても来月がんばればいい。これがメーカーのショップだったら、本部がいい商品を送ってくれないとどうしようもない。新商品を開発してくれないとどうしようもない。でもぼくらはフェアと商材はいくらでも変えられますから。それが最大の強みじゃないかと思っています。意外とそういう店ってないんです。だからJRさんも声をかけてくれたんだと思います。毎回変わってくるフレッシュ感。手間暇かけた店づくり。そこで勝負しようと思います」

編集／出版の仕事では、Webメディアの製作依頼が増えてきた。クライアントには大手の清涼飲料水メーカーや生命保険会社などがある。

求められるままにやってきたらこうなった、と福井さんはいう。

「現在のSPBSのような事業体を自分で目指してやってきたわけじゃない。よく、向き・不向きを自分で決める人もいますけど、そういうのってひとさまが決めるところもあるんじゃないかと思います。ぼくが女性向けのセレクトショップをやるなんて10年前だったら考えられないですよね。でもリクエストに応えて一所懸命やったから、いまがある」

だからSPBSの本質は企画編集会社なのだ、という。雑誌編集者の習い性とでもいうか、課題を与えられるとそれを解決する方法を考えてしまう。

〝いい本屋〟と、〝買いたくなる本屋〟〝売れる本屋〟は違うと福井さんはいう。〝いい本屋〟はたくさんある。いい本が選ばれ、よく考えて並べられている。だが、そうした本屋に入ったからといって、必ずしも本を買いたくなるわけではない。ここ数年、本を置くカフェや生活雑貨店、洋服店などが増えた。だが、そうした店で本が売れているのを見たことがない。装飾品以上の役割を果たしていない。

書店は真剣に経営に向き合ってきたことがなく、そこが弱点になっている、と福井さんはいう。書店は特殊な商売だから、と経営について考えることから逃げてしまっている。

「本屋でしか通用しない人が本屋をやっている状態だと、厳しいですよね。他の商売でもうまくいくくらいの人が本屋を経営しないと。いまこそ本屋には、創意工夫する意欲とビジネスの経験のある人が必要だと思います」

穏やかだが、厳しい言葉だ。

case 09

トランスビューの場合

TRaNSView

そんなわけで正直に生きたいと思ったんですね、28歳の工藤青年としては

——工藤秀之さん

トランスビューズ・チルドレン。最近起業した小さな出版社の中の一群を、私はこう呼んでいる。彼らは、日販やトーハンなどの大手取次を使わずに、書店と直接取引をする出版社だ。トランスビューはそうした小さな出版社などと共同で出版案内を書店に送り、流通の代行もしている。書店からの注文を受けて出荷するので、注文出荷制という。あるいはトランスビュー方式と呼ぶ人もいる。

トランスビューのほか、アダチプレス、アリエスブックス、インタヴュー・プレス、ウエイド、えにし書房、キーステージ21、共和国、苦楽堂、ころから、サウダージ・ブックス、猿江商會、Ｓｕｎｂｏｒｎ、三輪舎、ＳＣＲＡＰ出版、瀬戸内人、センジュ出版、空海舎、ＴＡＮＧ ＤＥＮＧ、ちとせプレス、ディスカバリー号、バナナブックス、パブリブ、ビッグイシュー日本、ブックエンド、ぶなのもり、ブリコルール・パブリッシング、ブルーシープ、ポット出版プラス、堀之内出版、本の種出版、ＰＯＭＰ ＬＡＢ．、まむかいブックスギャラリー、ユウブックス、ユナイテッドヴァガボンズ、グリーンショップの35社がこのシステム（といっていいのか、サービスといっていいのか）に参加している（16年8月時点）。

彼らは毎月、書店向けのダイレクトメール（ＤＭ）「《注文出荷制》今月でた本・来月でる本」の発送作業を共同でおこなっている。

09

トランスビューの場合

多くの出版社は、本をつくると取次に持っていき、取次が書店に見計らいで配本する。どの書店に何冊配本するかは、出版社が指定することもあるが、たいていは取次が決める。配本部数を決める基準となるのは、その書店の規模と立地、販売実績だ。パターン配本ともいう。おおむね、都会の大型店はたくさん配本され、地方や、都会でも中小の店には少ししか配本されない。零細店には1冊も配本されないことが多い。なにしろ日本の書店数は1万3500軒あり、たいていの本の初版部数は3000部から5000部ぐらいだ。すべての書店にまんべんなく配本するのはむりだ。

日本の出版流通システムはその中核に取次がある。約4000の出版社から出る年間8万点の新刊と90万点の既刊書、そして2500タイトルの雑誌が、1万3500の書店と5万のコンビニその他に配本され、返品が逆のルートをたどって出版社に戻る。その巨大なシステムの軸に取次がある。取次が担うのは物流だけではない。書店から商品代金を回収して出版社に支払い、返品代金を出版社に代わって書店に支払う、いわば決済・金融の部分も取次が担う。また新刊情報を書店に伝え、販売情報を出版社に伝えるのも取次だ。

日本の取次はオールマイティーだ。たとえばある企業が書店を開こうと思い立ったとする。ノウハウはまったくない。そんなとき取次に相談すると、店舗も人材も店長も探してくれる。お金とやる気さえあれば。

しかしこの取次を中核にしたシステムは、いろいろと問題も多い。出版社はつくった本を取次に入れれば、あとは他人まかせになってしまいがちだ。本を出せば自動的に取次からお金が入ってくる。しかし返品があるといちど入ったお金を返さなければならない。それを避けるために、新刊をどんどんつくることになる。１９９０年代後半から新刊市場が収縮しているにもかかわらず発行点数が増え続けてきた理由はここにある。書店の方も、取次にまかせておけば新刊が入ってくるので、自分で判断して仕入れることがなくなる。

返品率は高止まりしたままで、出版社は自転車操業に陥りがちとなり、書店の店頭は画一化されていく。取次システムは日本の出版を発展させ、全国津々浦々に本を普及させる原動力となったのはたしかだが、ネガティブな面も明らかになってきた。

時代は変わった。物流は取次に頼らずとも、宅配業者にまかせればいい。インターネットの普及によって情報についても取次に頼らなくてもよくなった。残るは決済・金融だけだ。しかし、代金の回収がそんなに大変だろうか。20代のころ、洋書の輸入販売会社に勤めていた私はそう思う。洋書店では、国内・国外の出版社や代理店と取引して、本を仕入れ、販売する。基本は買い切りだから、返品のある日本の本の流通とは少し違うけれども、しかし、取次を使わなければ書店経営が不可能だというほどでもないと思う。

09

トランスビューの場合

トランスビューは池田晶子『14歳からの哲学』や松本昌次『わたしの戦後出版史』、島田裕巳『オウム　なぜ宗教はテロリズムを生んだのか』、アンドレ・シフリン『出版と政治の戦後史』、菊地史彦『「幸せ」の戦後史』などを出版してきた。おおむね1年に10点前後の本を刊行している。

工藤秀之さんが中嶋廣さんとトランスビューを創業したのは2001年の春だった。ふたりは法藏館の同僚で、中嶋さんは編集担当、工藤さんは販売担当だった。

法藏館は1602年に創業した、現存する日本の出版社でもっとも古い歴史を持つ。東本願寺との関係が強く、浄土真宗の仏教書を中心に出版してきた。本社も東本願寺のすぐそばにある。工藤さんは「刊行から5年後10年後でも、その本を欲しいという人が現れたときに対応できる流通のしくみをつくっていかなければならない」というが、それは、江戸時代に出した本を今でも刊行し続けている法藏館に勤務した実感から出てくる言葉だ。「書物がひとりの人生を超えていってしまうだけでなく、世代も超えていってしまう本ばかりだった」と工藤さんは振り返る。

その法藏館を退社したのは、給料が安かったからだ。28歳で手取りが16万円。日本橋の法藏館東京事務所まで湘南の実家から通勤していたのでなんとか暮らせたが、結婚することになった。このままでは生活していくのが難しい。他社に移るか、ひとりで営業代行のような仕事をしようかと迷っていた。

一方で中嶋さんも、つくりたい本をつくるために法藏館を辞めて自分で出版社をはじめようと考えていた。そこで、もうひとりの編集者と3人でトランスビューを立ち上げることにした。資本金はそれぞれが持ち寄った。いちばん年齢が上の中嶋さんが半分を、残りの半分を工藤さんともうひとりが出資したが、やがてもうひとりが郷里に帰ることになり、その分を工藤さんが買い取って、いまは中嶋さんと半々の持ち合いとなっている。トランスビューという会社名は中嶋さんが考えた。

法藏館で6年間、販売を担当したことで、「この業界のダメな原因は、ぼくなりに見えていました」と工藤さんは話す。だから中嶋さんに一緒に出版社をやらないかと誘われたとき、「だったら直取でやりましょう」といった。

工藤さんが感じた「ダメな部分」とは何か。

まず、出版界では何かと「業界三位一体」といいながら、実際は化かし合いが日常的におこなわれていること。三位一体とは、出版社と書店、そして取次の三者が、利害をともにする運命共同体的なものだという意味だ。私自身、この言葉をいろんな場所でいろんな人から聞いた。ところが現実はそうではない。

典型的な事例として、工藤さんは次のようなエピソードを語る。

1996年、森岡正博著『宗教なき時代を生きるために』という本を法藏館が刊行したときのことだ。工藤さんは入社したばかりの新人だった。ある書店から電話がかかってきて、「おたく、減数しますか?」と訊かれた。工藤さんには意味がよくわからなかった。注文を受けるのに、数を減らすもなにもないじゃないか。「減数しません」というと、「じゃあ、7冊」と注文が入った。

「減数」あるいは「減数配本」というのは、書店から注文数をすべて出荷するのではなく、減らして出荷することをいう。たとえば10冊の注文があっても、出荷するのは7冊、8冊にする。注文通りに出荷することを「満数配本」という。また、人気作家の話題作などのように、刊行前に書店からの予約注文が殺到する場合は、各店の配本数を減らす「調整」がおこなわれる。

こうした調整がおこなわれるのは、本が足りないからだけでなく、返品があるからだ。10冊出荷しても5冊は返品されるのが確実だと思えば7冊しか配本しない。また、人気作家の話題作などの場合は、全国の書店からの事前注文を積みあげると、それだけで初版部数を超えてしまうこともある。発売前に重版されることがあるのは、そういう場合だ。

書店も減数を見込んで発注する。10冊発注しても7冊しか入ってこないだろうと予想されるときは、15冊発注するわけだ。こうしたことを工藤さんは「三位一体といいながらの化かし合い」という。お互いを信頼していない。

「(出版界は)減数、つまり取引先が欲しいといった数量をそのまま送らないことがふつうの業界なんだと知った。これは他の業種では違和感があると思います。そんなわけで正直に生きたいと思ったんですね、28歳の工藤青年としては」と工藤さんは笑う。

注文した本が入荷しない、入荷しても勝手に数を減らされている。こうした不満は、異業種から参入した書店経営者からよく聞かれる。他業種でも、たとえば急に人気が出て生産が追いつかないものが、なかなか入荷しないということはあるだろう。かつての「たまごっち」、わりと最近では「妖怪ウォッチ」。ただそれは、飢餓状態をつくることで購買意欲をあおろうという側面もある一種の戦略的なものだ。出版界の「減数」はもっと根深い構造的なものである。

法藏館に在籍中は、熱心に書店営業をしたという。仏教書の専門出版社だから、取引先は大型書店の割合が多い。地方の書店も積極的に回った。そのため、トランスビューをつくるときは、「流通のしくみじゃなくて、大事なのは本の中身。私は中身で応援するわ」といってくれたローカルチェーン経営者の奥さんもいた。

トランスビューの取引条件は書店によって違うが、だいたい多くの出版社が取次に卸すのと同じくらいの条件で卸している。つまり書店にとっては取次マージン分が利益になる。取引する書店は法人数で400社弱、店舗数では2000店弱だそうだ。

「個々の取引はコンピュータで管理していますから、それほど面倒ではありません。そういう意味では、もし10年早かったら、こういうかたちでは創業できなかったでしょうね。パソコンが普及して、エクセルなどを誰もが使えるようになったことが大きい」

取引している書店は大手が多い。創業したころは小さな書店と大きな書店とに二極化していた。売場面積が100坪から200坪程度の中規模店はそのころから少なかった。なぜ中規模店が少ないかというと、人件費削減のための人減らしがいちばん極端に出るのがこのクラスで、社員は店長がひとりだけ、あとはパート・アルバイトで業務をこなすというところが珍しくない。そうなると、直取引にまでは手が回らなくなる。店主がすべてをひとりで切り盛りしているような小さな書店は、この14年でかなり減ってしまった。

出版社と直取引することをいやがる書店もある。単純に手間が増えるからだ。取次とだけ取引している書店が、あらたにトランスビューと直取引をはじめれば、手間は倍になるわけだから。直取引はしないと決めているナショナルチェーンもあるし、経営者が高齢化して後継者もおらず、ほとんど意欲を喪失している書店も面倒なことを増やしたくない。

ただ、工藤さんによると、直取引はしないと決めている書店は思ったよりも少ないようだ。文具や雑貨などの仕入れで取次ルート以外での取引に慣れている書店も多い。

取次経由でトランスビューの本が仕入れられないわけではない。15年秋までは業界第4位の総合取次、太洋社との取引口座を使っていた。取次同士は「仲間卸」というかたちで、他の取次に卸すことができる。だからトーハンにしか口座を持っていない書店でも、トランスビュー→太洋社→トーハン→書店というルートで本を仕入れられる。こういうことは書類だけ整えばいいので、商品（本）はトランスビューから書店に直納し、伝票だけ取次を回るということもあるだろう。太洋社が倒産してからは八木書店がその役割を果たしている。

売掛金回収のシステムはシンプルだ。恒常的に取引している書店には、月締めで請求書を発行する。納品の3か月後に請求して、4か月後が支払いとなる。ふだんはつきあいがないけれども、たまたまその本だけ仕入れたいという場合は、納品と同時に請求書を出す。大手の老舗出版社は、新刊を取次に入れれば、翌月には支払われる。100％でなくても、何割かは内払いされる。それと比較すると、取次ルートよりもお金が入ってくるのが遅い。しかし、そういう好条件で取引できるのは大手の出版社、古くから取引している老舗出版社に限られる。新興の小さな出版社が大手取次と取引する場合、支払いは半年先で、しかも何割かは留保されてしまう。新興出版社にとってはトランスビュー方式のほうがいい。「キャッシュフローは取次ルートよりも楽です。もうひとつ、入金額が読めるというのも大きいですね。取次ルートだと返品がいつどれだけ入ってくるのか予測するのが非常に難しいですから」

誤解されることが多いが、トランスビューでも基本は返品条件つきである。月決めで請求書を発行する書店はいわゆるフリー入帳で、いちいち出版社の了解を取らなくても返品できる。ただし返品送料は書店が負担する。

返品自由にもかかわらず、トランスビューの返品率は驚くほど低い。業界全体の返品率が40％程度だというのに、だいたい13％ぐらいだというのだ。一般の出版社の3分の1ということになる。ただし発行点数が少ないので、年によってのばらつきが大きい。4、5％の年もあるそうだ。

なぜ返品率が低いのか。それは注文品しか出荷しないからだ。取次が勝手に書店に送りつける「見計らい配本」がない。

「（出荷した本は）展示率１００％ですから。即返するために注文するなんてあり得ません」と工藤さんは笑う。

「即返」というのは、書店が入荷した本を、店頭に出すことなく返品することをいう。書店の担当者が「この本はウチでは売れない」「この本はウチには合わない」と思った本は即返する。たとえばショッピングセンターやショッピングモール、デパート、スーパーマーケットなどの中に出店している書店では、ポルノを置かないことが多い。どこからがポルノかという線引きは難しいが、書店の仕入れ担当者が「ファミリー層を対象とするウチに、この本はいらない」と判断すれば即返される。また、「減数配本」の逆で、7冊しか注文していないのに10冊送品してくる、なんていうこともある。水増し配本だ。注文していなくても入荷した本について書店は支払わなければならないので、これも即返の対象となる。「減数配本」とともに、この「見計らい配本」と「即返」も、口では「業界三位一体」といいながら、相互不信が蔓延している原因であり証拠である。

取次の機能は物流・決済（金融）・情報の3つだと書いた。そして物流は宅配業者などの発達によって、情報はインターネットの普及によって、あえて取次でなければならない積極的な理由はなくなったとも書いた。問題は決済・金融だ。とくに売掛金の回収。実際、100％は支払わない、請求額の7割だけ、6割だけ支払うという書店もある。

取次の場合は、あまりにも支払いが悪ければ、送品を止めるという手段がある。商品が入らないのは書店にとって死活問題だから、とにかく支払うことになる。支払わなければ店をやっていけない。ところが小さな出版社が単独で取引する場合はどうか。「支払ってくれないなら、今後の送品はストップする」とトランスビューが書店に通告したところで、書店にとってはさほど痛くはないだろう。トランスビュー1社の本が入らなくてもさほど困らない。このように「送品停止」が「人質」として使えないので、直取引の売掛金回収はむずかしいのではないかと思われてきた。ところが工藤さんの話によると、滞納はそれほど起きていないという。

「払ってくれない書店は、ゼロではありません。ナショナルチェーンで払わないところはないけれども、地方の老舗なんかでは払ってくれないところもある。とくに会社をはじめたころはありました。取次の請求に対して全額は払わない、というのが決めごとになってしまっているところが地方には多いんですね。いまはほんの少数になりました。いまなかなか払ってくれない書店は、払わないというよりも払えないということでしょうね」

「払えない」様子は、見ていてもわかるという。

「支払ってくれない書店には、何度も催促するしかないですね。ただ、そういう書店は売掛金そのものはそんなに大きな金額ではないので、何月何日までに支払ってくれないと送品しないなんていうことはよほどのことがないといいません。支払いが滞っていても、注文があれば送品します。そのへんは甘いといわれれば甘いのかもしれませんが。いろいろな事情をみて判断しています。わざと支払わないような店には送りません。いろんな要因が重なって苦しいところには送ります」

請求額に対して一部しか支払わないことが慣行化し、それを当然だと思っている書店がある、と書いたけれども、その理由は取次の見計らい配本が書店の現状にマッチしていないことにある。「即返」せざるをえないような本を勝手に送りつけてきているのだから、その分は払わずに返品するという理屈である。また、返品してから返金されるまでの時間（実際には買掛金と相殺する時間）が長いことも不当だという書店主もいる。仕入れ（出版社・取次から見ると送品）についてはタイムラグなしに請求するのに、返品についてはタイムラグがあるのは不当だというわけである。それはそれで理屈が通っているように思える。

こうして注文出荷制から取次システムを眺めてみると、あちこちにほころびがあることがわかる。しかもそのほころびは、零細で新興の出版社や、零細な書店ほどこうむる影響が大きい。注文出荷制にはそのモヤモヤを吹き飛ばす爽やかさがある。

見計らい配本、パターン配本をやめて注文出荷制に移行することは簡単なように思える。

買い切りにするわけではない。返品は受けるのだから書店のリスクもない。だが多くの出版社も、そして大手取次も、注文出荷制を積極的に採用しようとしない。なぜなのか。

「現状の取次ルートが注文出荷制をとれないのは、刊行した本を取次に入れれば、一旦は売上になって、条件のいい出版社であれば、すぐキャッシュが入ってくるからだと思います。これはいちど走り出したら止まることができない。キャッシュが潤沢でないと抜け出せないんです」

とにかく本さえつくってしまえば、いちどはお金になる。それが売れる売れないにかかわらず。だけど売れない本はやがて返品される。もしかしたら書店では「即返」しているかもしれない。返品されたら、出版社は取次にお金を返さなければならない。お金を返すのを避けるために、次の新刊をつくって取次に納品する。出版社はまるで偽札を刷るように本をつくる。本は出版社と取次と書店の間で業界内地域通貨のようにぐるぐる回る。いちどはまると抜け出せない地獄の自転車操業だ。

でも工藤さんは、「小さい書店があと数年なんとか生きながらえれば、構造は変わってくるかもしれません」という。

「現状は小さい書店に本が全然行かなくなっているじゃないですか。大手偏重がより強まってしまっている。ここで出版社の意識が変わって、注文があれば小さい書店にも出荷しますというふうになれば、段階的に変わっていけるのかなと思いますけどね」

ここで小さな出版社と小さな書店の関係をすこし考えたい。誰がいいだした言葉だったか「業界クロス構造」というのがある。発行部数の少ない小さな出版社のマイナーな本は大型書店が並べてくれて、小さな書店が売るのは発行部数の多い大手出版社のメジャーな本だというのである。取次のパターン配本が書店の規模と立地と実績に応じてのものなので、自然とそうなる。そこから、小さな出版社を支えているのが大型書店で、小さな書店を支えているのが大手出版社。小さな出版社と小さな書店はなかなか出会えないという、深く考えるとやりきれない気持ちになる言葉だ。だが、その「業界クロス構造」にも変化の兆しがあると工藤さんはいう。

「2014年11月に神戸に書肆スウィートヒアアフターという小さな書店ができましたが、あそこは開店のときから入れてくれています。小さなお店なので月締めではなく年に2回の精算なんですが、1回目の精算で2万数千円が売れていました」

スウィートヒアアフターは私もまだ開店準備の作業中に偶然、入ったことがある。神戸の元町を散歩していて、偶然入った古いビルの中にあった。若い店主が、開店資金をクラウドファウンディングで集めてはじめた店で、10坪もないような小さな空間で本を売り、壁面はギャラリーにしている。社会科学系の本に力を入れていて、ＺＩＮＥのたぐいも扱っていた。たんなる書店というよりも、関心領域が重なる人びとのコミュニケーションの場として機能している。そうした書店がトランスビューの本を積極的に販売している。

「そうはいっても、トランスビューの本だけでは書店としてはきついでしょうね。そういうこともあって、注文出荷制に賛同してくれる出版社さんの取引代行をはじめたところもあるんです。トランスビューだけでは間口が狭すぎるので。いろんな本がないと、そういう小さな書店にとっては役に立たない仕入れシステムになってしまうので」

　出版社にとって最大の不安定要因は返品だ。いくら売れているように見えても、一気に返品があったら利益は吹き飛んでしまう。なにしろ「ミリオンセラー倒産」という言葉があるくらい。本が売れて、話題になって、全国の書店から注文が殺到して、いい気になって重版して、注文に応じてどんどん出荷していたら、ある日突然売れ行きが悪くなって、全国の書店からどんどん返品が来て、資金繰りが悪化……という話である。倒産まで悲惨なことはめったにないが、似たようなケースはよく耳にする。出版社にとってはミリオンセラーやメガヒットよりも、そこそこの小ヒットがいちばんいい。

「ミリオンセラー倒産」が起きるのは出版社が自社出版物の市中在庫をリアルタイムで正確に把握できないからだ。取次を経由しての出荷数はわかるけれども、そのうち何部が売れて読者の手に渡り、何部が書店の店頭に残っているのか把握できない。最近はPOSレジの普及でかなりわかるようになったとはいえ、やはり取次を経由しているとブラックボックス化してしまう。

「市中在庫って、トランスビューの場合は少ないんですよ。宅配便の安定供給ですから、書店はそんなに在庫を持つ必要がないんですね。平積みするにも、平台にある分でいい。ストッカーに大量に入れておく必要はない」

書店がストックを持つのは、いちど品切れするといつ追加の入荷があるかわからないからだ。宅配便で翌日届くとわかっていれば、1日に売れる分だけストックがあればいい。在庫負担という面でもトランスビュー方式は合理的だ。

取次が握る3つの機能、物流・金融・情報のうちの3つめ、情報について。取次は書店に対して出版情報を提供する。その情報を参考に書店は仕入れや販売の計画を立てる。うまく機能しているかどうかは別として、とりあえずそういうことになっている。

トランスビューと注文出荷制版元のプロモーション・ツールは、主にファックスとDMだ。毎月、注文出荷制の出版社が集まって、共同のDMの発送作業をおこなう。組織名もないし、DMのタイトルも「注文出荷制　今月でた本・来月でる本」というだけ。まことに素っ気ない。工藤さんに聞くと、「組織に名前をつけようとか思いません。単純にしくみですから、表に出る必要はないことです。注文出荷制の普及運動をしているわけではありませんし、このしくみがいいと思った出版社が一緒にやるだけです」

費用も実費を割り勘にしているだけ。しくみを考えたロイヤルティをトランスビューが徴収するわけでもない。

「みんなでやることが利益ですから。トランスビューとしては、このDMが赤字にならなければいい」

もちろんトランスビューが取引代行するものについては、規定のマージンを得ている。とはいえ、取次のマージン（委託の分戻しも含めて定価の8～13％）よりもはるかに低率だ。

「参加してくれる版元の数がもっと増えれば、注文出荷制のDMはもっと便利のいいものになると思います。送付先の書店は1000店からはじめて、いま全国に1300店ちょいです。理想的には全書店へ送りたい。どんな書店であっても、注文があったところには出荷するというのがぼくらの考え方です。営業する対象をむりに広げる必要はないと思いますが、情報を送る対象は広げるべきだし、向こうから返ってきた反応には応えるべきだと思う」

それは対書店だけの関係ではない。ひとつの書店の背景には、その書店を自分の知の拠点のようにしている読者もいる。書店を通じて、そうした読者の期待に応えたいのだと工藤さんはいう。

トランスビューというと、市井の哲学者、池田晶子氏の『14歳からの哲学』がよく知られている。会社設立から2年後、２００３年3月の刊行だった。40万部のベストセラーであり、２００７年に池田氏が46歳で亡くなってからも売れ続けているロングセラーだ。

「『14歳からの哲学』がヒットしたときは取引先の書店も増えましたが、そのときに増えた書店がいまも密に関係性を保てているかというと、そうでもないんですよ。ベストセラーだけが欲しいという書店も多い。現状でいうと、『14歳からの哲学』以前からの取引先がコアになっています。その意味ではあの本がきっかけで直取引のシステムがうまくいくようになったわけではないと判断しています。売上としてはもちろん助かりましたし、知名度はあがりました」

法藏館に6年勤務して取次システムのダメなところがよくわかったという工藤さんだが、トランスビューをはじめて14年経った。取次に対する考え方は変わっただろうか。

「あまり変わっていません。そもそもぼくは、取次の存在意義を初めから認める立場です。日本の出版社は、最低でも1社とは取次と取引する必要があると思います。取次のインフラはすごいものです。どの書店でも注文すれば取り寄せができるし、端末で検索することもできる。この基盤を整備した取次というのはすごいものです。取次があるおかげで出版社は楽をできた。出版社は誰でも新規参入できた。ただ、書店は参入しやすいかというと、そうではなかった。書店はお金がないと参入できません」

しかし状況は徐々に変わりつつある。情報を得る手段が変わった。かつては取次のPOSで検索して、ヒットしなければ、その本は存在しないと思い込む書店員も多かった。いまははるかに優れたアマゾンの検索システムがある。物流も宅配業者のほうが細やかに対応してくれる。

トランスビューがつくる本に、この14年でとくに傾向が変わったことはない、と工藤さんはいう。中嶋さんひとりで編集してきたからであり、長く生きるものを出すよう心がけてきたからだ。ジャンルを固定するわけではなく、人文書だけでなく絵本も出している。賞味期限の短い時事的なテーマを扱ったものはほとんどない。そこは直接取引や注文出荷制という流通システムが影響しているかもしれない。時事的なものを時代の流れに合わせて大量に売るためには、一気につくって大量に市中に出す必要がある。しかし、そうすれば必然的に返品が多くなる。返品送料が書店負担となると、書店は大量発注を躊躇するだろう。時事的な本を1冊や2冊、書店の片隅に棚差ししてもしょうがない。そう考えると、流通システムは出版内容を規定する。やっぱり上部構造は下部構造に規定されるのだ。

これからの課題のひとつは、読者に向けた情報発信の強化だと工藤さんはいう。これまでは主に書店に対して情報を発信してきた。書店に対しては、トランスビューという出版社があること、注文出荷制というシステムがあることなどは、よく知られるようになってきた。次の段階は、読者が書店に行こうと思うようになるような情報発信を、トランスビューや注文出荷制を採用する出版社が、書店と協力しておこなっていく。

たとえば新聞広告はそれほど熱心に出して来たわけではなく、売れ行き良好のものについて出す程度だった。費用対効果の問題もある。しかし14年の12月からは、毎日新聞の読書面で定期の枠を取った。トランスビューの取引代行に参加する出版社で、そのときに広告を出せるところは出す。主に書店向けの広告という位置づけではあるが、書店によっては読書面を店頭に貼り出すところもあり、そうなれば1週間は貼られるわけだから、それなりの宣伝効果は期待できる。まず書店に名前を知ってもらい、読者にも知ってもらう。注文出荷制というシステムはあくまで出版社と書店との取引条件だから、一般の読者には関係がない。しかし、小さな出版社が出す、どちらかというとマイナーな本の存在を、多くの読者に知らせるしくみは必要だ。

case
10

ころからの場合

korocolor

資本の大きなところが必ずしも勝つとは
限らないのが出版の面白さだと思います

――木瀬貴吉さん

ころから。面白い会社名だ。いちど聞いたら忘れられない。ひらがな4文字は視覚的にもいい。ただし、これだけでは意味がわからない。最初は「これから」かと思った。よく見ると違った。神奈川新聞のニュースサイトがカナロコという名前で、それは神奈川のカナと、ハワイの人が地元生まれを指すロコを合わせたのだと思うが、ころからはそれとも関係ない。

代表の木瀬貴吉さんに聞くと、「『ころ』から」という意味なのだそうだ。「ころ」は大きくて重いものを動かすときに下に敷く丸い棒のことだ。重機がなかった時代、巨大な石などを運ぶのに使ったといわれる。漢字では「転」と書くから、「転がる」の「ころ」だ。「木呂」と書くこともある。

パラダイムチェンジを促すような本をつくっていきたいという気持ちを込めて社名にした。いい名前を思いついた、と木瀬さんが妻のシナダさんにいうと、彼女は「ころ」を知らなかった。そんなことはないでしょうと思って、まわりの人たちに聞くと、知らない人が多かった。「ころ」は失われつつある日本語なのか。

もっとも、木瀬さんはそんなことをあまり気にしていない。会社名を考えるとき、いろんな人に相談した。木瀬さんが話すのは、たとえば羽鳥書店の例。社長の羽鳥和芳さんは会社名を決めるのに呻吟していたとき、一緒に会社をはじめた糸日谷智さんから「会社名なんてなんだっていいんです。ないと困るけど、あればいい」といわれたそうだ。一般読者にとって重要なのは本であり書名であって、出版社名ではない。本がヒットして、「あの本を出したのは」と出版社名につながる。

「ころから」にするか「ころから出版」とか「ころからパブリッシング」にするか。「パブリッシング」なんてつけるのはやめなさいといったのは、アルテスパブリシングの鈴木茂さんだった。「アルテス」だけでよかったのに、「パブリッシング」をつけたのはよけいだったと後悔しているそうだ。

名前をつけるのは難しい。「名は体を表す」なんて言葉があるから、たんなる記号ではないと思っている人も多い。いろんな思いを込めたくなる。頑張りすぎると名前負けするかもしれない。子供のキラキラネームみたいに。ちなみに私の会社は有限会社シカノツノという。設立のとき、凝った名前やオシャレな名前は避けようと思った。それと、書店などで領収証をもらうとき、書きやすい名前がいいと思った。レジには漢字が苦手な人もいるだろう。会社名を考えていたとき、ふと目にとまったのが、鹿の角だった。和歌山県美山村（当時。現在は合併して日高川町）の書店、イハラ・ハートショップでいただいた鹿の角だ。領収証をもらうとき、ときどき「漢方薬の会社ですか」と聞かれる。

ころからは木瀬さんとシナダさん、そしてデザイナーの安藤順さんがつくった出版社だ。オフィスは東京・赤羽にある。JR赤羽駅を降りて、居酒屋がたくさん並んでいる通りをしばらく進み、すこし奥に入ったところにあるマンションだ。

赤羽には大日本印刷の工場があって、以前、取材に来たことがある。何年も前なのに、文庫の印刷・製本が印象に残っている。文庫は2冊が上下にくっついたかたちで印刷・製本して、最後に裁断して2冊にする。これだと作業効率が倍近くになるというわけだ。だから出版と縁のある街なのだけど、木瀬さんがオフィスをこの街に構えると聞いた友人知人たちはみんな反対したそうだ。イメージがよろしくないというのだ。こんなことをいうと赤羽に住む人に失礼だが、赤羽は知的じゃない、ということらしい。

そういえば内田樹編著『日本の反知性主義』（晶文社）の中で寄稿者のひとりの小田嶋隆氏が、赤羽で反知性主義を語ることの居心地の悪さについて語っていた。小田嶋氏は赤羽出身で現在も赤羽に住む。地元の幼なじみたちからすると小田嶋氏は知的エリートと見られているわけで、その小田嶋氏が反知性主義を語ることはどうなのかというわけだ。もちろん内田氏が考えている「反知性主義」は、木瀬さんが友人たちに助言された「赤羽って知的イメージじゃないよね」ということとは別の次元のことであり、知性とか知的であることとかは、学歴や職業などとあまり関係がない。

10

ころからの場合

赤羽は知的イメージじゃないかもしれないけど、アナーキーな雰囲気がある。明るい時間から営業している居酒屋は、路上で肉や魚を焼いている。飲んでいる人も「9to5」なんて概念とは無縁そうだ。むかし、はじめて赤羽駅を降りたとき、平日の昼間だというのに駅の近くでピンサロの客引きに声をかけられて驚いた。丸の内のオフィス街や霞ヶ関の官庁街より、はるかに健全だと思う。

ころからのオフィスは築年数の浅いワンルームマンションの6階にある。広くはないけれども、清潔で快適な部屋だ。赤羽にオフィスを構えたのは、住まいのある王子から自転車で通勤できるから、そして赤羽は物件が安いからだと木瀬さんはいう。

事業をはじめるとき、仕事場をどこにするかは重要だ。とりあえず自宅を事務所にして創業する人もいるが、それでは仕事と私生活の境目があいまいになってしまうと木瀬さんは考えた。自宅から自転車で20分というのは絶妙な距離で、「たとえば晩ごはんのあと、もういっぺん会社に戻って仕事をしようか、とは思わないぐらいの遠さ」だと木瀬さんはいう。自宅を仕事場にすると際限なく仕事をしてしまうか、逆に怠けて遊んでばかりになるかになってしまい、ほどよく仕事と休息のバランスを保つのは難しい。私自身、30歳で書店員を辞めてフリーランスになってから、ずっと自宅を仕事場にしてきての実感だ。10年あまりまえに会社をつくったときも、オフィスは自宅内にした。職住接近で通勤時間は限りなくゼロなのはいいが、曜日に関係なく朝の5時半に起きてパソコンに向かい、晩ごはんを食べたあとの夜の10時までダラダラと仕事を続けるのは我ながらよくないと思う。つい仕事をしてしまうのは、私が働き者だからではなく、仕事をしていないことに漠然とした後ろめたさを感じるからだ。よくないことだと思う。

ただ、オフィスを構えれば家賃も必要になるし、入居のときには保証金等も用意しなければならない。電話やファックスを引き、インターネット環境も必要になる。毎月の家賃と光熱費、通信費はけっこうな負担だ。自宅からオフィスまでの交通費もかかる。ことに家賃は場所によってずいぶん違う。渋谷区に事務所を置いて小さな出版社を経営している知人の話では、道路をひとつへだてた隣の港区だと、家賃が跳ね上がるそうだ。木瀬さんが北区赤羽にオフィスを持ったのは賢明な選択だ。

おじゃましたとき、オフィスには木瀬さんとシナダさんがいた。次々にかかってくる注文の電話をてきぱきとさばいているシナダさんも社員かと思いきや、給料の出ていないボランティアだという。シナダさんはほかで働いていて、木瀬家としては重要なもうひとつの収入源である。

共同経営者の安藤順さんはオフィスにいなかった。「一緒にやろう」という木瀬さんの呼びかけに安藤さんが応じなかったら、ころからはなかったかもしれない。安藤さんは20

年以上の経験を持つデザイナーで、ころからの本のほとんどは装幀も本文も安藤さんが担当している。

「出版の世界に入ったのは、わりと最近なんですよ」と木瀬さんはいう。20代からピースボートというNGOにいて、都下の田無で新聞折り込みのフリーペーパーを発行する会社に勤めていた。だんだんと経営が傾いていくのを感じて転職を考えていた。そんなとき、以前から知り合いだった第三書館の北川明社長に再会した。転職を考えているというと、「出版社をやらんか。5万円あればできるで」とすすめられたそうだ。5万円というのはかなり誇張したいいかたで、法人登記の費用だけでももっとかかるのだけれども。

木瀬さんはフリーペーパーの会社を退社、3年後の独立を目指して第三書館に入社した。2008年4月だった。ちなみに元いた会社は、木瀬さんが辞めた後、事業をたたんだそうだ。北川氏との約束通りなら、3年目の11年3月で第三書館を退社して出版社を起業するはずだった。ところが東日本大震災でそれどころではなくなる。結局、独立は2013年にのびた。

「12年の秋ごろに、そろそろ独立しなきゃと決意しました。ぼくは1967年生まれでそのとき45歳だったから、独立するならタイムリミットだと思ったんです。いまなら50歳すぎてもやれるかなと思うけれど」

起業に年齢は関係あるだろうか。あるとしたら、ひとつは体力。もうひとつは気持ちや考え方の柔軟性だろう。体力は歳とともに落ちていく。とくに回復力が落ちる。私の場合、35歳で徹夜がつらくなった。いちど徹夜すると3日ぐらい疲れが抜けない。内面のほうはどうか。時代の変化についていけないということはないけれども、新しいことへの好奇心や感動が薄れる人もいるだろう。感性が鈍るというよりも、「新しい」ともてはやされることに既視感を抱くのだ。

創業資金は自分たちで集めたお金が500万円。そして区が斡旋する創業者向け融資が300万円。合計800万円。

「800万円でスタートしたけど、自分の生活費が足りないんだよね。生活費のことを考えなかった。ちょうど子どもが大学に入るのと重なったから、きつかったよね」と木瀬さんはいうが、その口調はのんびりしている。隣でシナダさんが苦笑いしている。

第三書館での5年間はとても勉強になったと木瀬さんはいう。小さな会社なので社内の分業なんていうものはない。ひとりで書店営業も取次との交渉も編集もなにもかもやらなければならない。自分で会社を興すことを考えていた木瀬さんにとっては、給料をもらいながら出版社の業務全般についての授業を受けたようなものだ。

これが小さい出版社のいいところだ。大手だと一人ひとりは全体の中の一部分しか体験できない。たとえば書籍をつくるにしても、どんな紙を使うか洋紙店との交渉は購買担当が、印刷会社や製本会社との交渉は制作担当が、という出版社もある。取次や書店への営業は営業担当が、プロモーション活動は宣伝担当が、と細かく分かれている会社もある。それぞれは専門化し、技術的にも洗練されていくのだろうけど、本づくりの全体性は見えにくくなる。

木瀬さんの話を聞いていてちょっと思ったことがある。私は2008年から2013年まで早稲田大学で書物や編集について教えた。任期付の教授に、というお誘いがあったとき、「流通も含めた出版界、メディア産業界で活躍する人材を育てたい」という言葉にグッときて、「よし、それなら」とお受けしたのだ。実際に何人かの学生は出版社や取次に就職した。しかし、5年間やってみて、本をつくって売ることについては、緊張感のない大学の授業なんかでやるよりも、出版社や編集プロダクションでオン・ジョブでたたき込まれたほうが手っ取り早いとも思う。出版界、メディア産業で働くなら、まずは大学で一般教養を広く身につけてからのほうがいい。

木瀬さんは第三書館で流通に関してさまざまな矛盾を目の当たりにした。とくに取次との関係だ。

「取次は出版社を生かさず殺さずの状態にしている」というのが木瀬さんの実感だ。どういうことかというと、たとえば第三書館の本がヒットしたとする。書店からも注文がどんどん入り、これはかなりの売上になるぞと期待する。ところが実際には、これまでの返品と相殺されて、取次からはわずかな額しか入金がない。取次は出版社への支払い額を調整するために、抱えている返品在庫を都合よく使っているのではないかと木瀬さんは疑う。

もちろん返品は返品だ。いつかは取次から出版社へと返される。返品を一気に出版社に返せば、その出版社は経営が危なくなるかもしれない。だからプールしておいて小出しにする。それが「殺さず」の部分だ。しかしヒットが出てたくさん売上があったときも、そのまま支払うのではなく溜めておいた返品で相殺する。それが「生かさず」の部分。

「生かさず殺さず」はいい面も悪い面もある。昔から出版は水ものといわれ、当たり外れがはげしいし、当たるときは大きいけれどもめったに当たらない。だから取次がバッファとなって出版社のリスクを分散しているのだとも考えられる。しかしこれではヒットがあっても出版社が大きく伸びるのは難しい。いっそのこと、失敗して大量返品があったら、それはそのまま出版社に返品してしまったほうが、出版社は短期間で精算できていいかもしれない。法人であれば決算ごとに処理すればいいのだから。それは取次が意図的にやっているのか、それとも委託・返品制の宿命なのかはよくわからないけれども。

それはともかく、取次を軸とした流通システムに、木瀬さんは疑いを抱いていた。だから自分で出版社を興しても、取次だけに頼るつもりはなかった。それでもころからをつくったとき、ある学術系出版社の知人が大手取次の窓口に同行してくれた。知人に感謝しつつ、ともかく行ってみた。

門前払いも同然だった、なんていい方を温和な木瀬さんはしないけれど、少なくとも大歓迎してくれたわけではない。ある大手取次では、取引口座開設の条件として、「最低でも3年は事業を続けるという確証と、大手出版社出身の編集者と営業マンが経営に参加していること」といわれたそうだ。

事業を3年続けること、というのはあたりまえだろう。1年でたたむつもりで出版社をはじめる人はいない。木瀬さんも2年分の出版計画書を持っていった。

しかし、大手出版社出身の編集者と営業マンが参加していることというのはどうなのか。たしかにそういう出版社はある。本書に登場する出版社としては、元光文社の編集者・営業マンだった渡辺浩章さんがはじめた鉄筆と、小学館で雑誌『ＳＡＰＩＯ』や小学館新書の編集長だった佐藤幸一さんがはじめた悟空出版がそうだ。

大手の出版社を辞めて自分で出版社をはじめる人はいるけれども、でもそうではない人を門前払いするというのはどういうことなのか。そんなことをしていたら、面白い本、ヒットする本が生まれる可能性を狭めてしまうだけではないか。リスクを取って未来に賭ける姿勢のない大手取次に、将来性はあまりないだろう。

取次が木瀬さんに提示した取引条件は、正味が67、分戻しが5。実質の卸値は62％だ。さらに「支払い留保」といって、支払額の何割かは数ヵ月から半年も遅れて支払われる。たとえば本体価格１０００円の本なら、出版社に支払われるのが６２０円。さらにそのうち2割の１２４円は遅れて支払われる。もっとも、木瀬さんは支払い留保の条件を交渉することもなく「けっこうです」と帰ってしまったのだそうだが。同行してくれた学術系出版社の知人は、「取次がこれほどリスクを取らないとは……」と呆れていたそうだ。

そんな木瀬さんの背中を押したのがトランスビューだった。トランスビューについては別項を参照していただきたいが、最初にトランスビューのシステムを聞いたときは「そんなにウマくいくのかと思った」と笑う。第三書館で出版流通の厳しさを痛感していただけに、いいことずくめに見えるシステムは、どこかに落とし穴があるんじゃないかとも疑ったという。それで実際にトランスビューの工藤氏から詳しく話を聞いてみて、これならやっていけそうだと確信した。

こう書くと、大手取次に門前払いを食わされてがっくりしているところに、トランスビューの存在を知ってやる気になった、みたいに思えるけれども、時系列としては逆だ。第三書館に在籍しながら出版社創業を準備していて、大手取次に頼っていたのでは自分のやりたいことはできないだろうと感じていた。だから大手取次を訪問したときも、ダメで元々という気持ちだった。すでにトランスビューの話は聞いていたから、腹は決まっていたのだ。

「トランスビューと仕事をするからには、いいかげんなことはできない。緊張した」

そう木瀬さんはいう。売れなければトランスビューにも申し訳ないし、ましてや1年で倒産なんていうことになったら、これからトランスビューで本を流通しようという出版社が現れないことになるとも思ったというのだ。

トランスビュー扱いだと告げると、書店の反応もいい。いい本だというイメージを抱かれているのだろう。

それにしても、出版がたいして儲からないビジネスであることは第三書館の5年間でよくわかっただろうに、どうして出版社を興そうと考えたのだろう。

「資本の大きなところが必ずしも勝つとは限らないのが出版のおもしろさだと思います」

と木瀬さんはいう。

ほかの産業では、たいてい資本規模で勝負が決まってしまう。たとえばこれから自動車メーカーを興しても、トヨタに勝つことはありえない。ところが出版は違う。小さな出版社から大ヒットする本が出ることもあるし、そのうえ本を評価する尺度は売上額や何冊売れたかだけじゃない。1冊の本が、世の中に大きな影響を与えることもあるし、出版されて何年も経ってから思わぬところで評価されることもある。

木瀬さんが第三書館にいるとき、『流出「公安テロ情報」全データ　イスラム教徒＝テロリストなのか？』という本が出た。警視庁公安部の国際テロ捜査に関する内部資料がインターネットに流出し、それを第三書館が書籍化したというもの。この流出により、公安部は在日イスラム教徒をテロリスト同然に扱い、個人情報も細かく調べていたことが明らかになった。当初は資料を本物と認めていなかった警視庁も、第三書館が本を刊行するのをきっかけに謝罪し、ついには国家賠償訴訟でイスラム教徒に敗訴に追い込まれた。小さな出版社でも、社会に大きな影響を与えることができるのだと木瀬さんは実感した。

ころからの会社設立が2013年1月11日。最初に出版したのは米屋こうじ著『I LOVE TRAIN』という写真集だった。「アジア・レイル・ライフ」という副題の通り、インドや中国をはじめアジア各地全11カ国の写真をおさめたもの。鉄道写真集というよりも、鉄道のある風景を集めたものだ。

「これまでアジアというと、貧困や災害など暗い面に焦点を当てたものが多かった。この本では、そうした決まり切ったアジア観を変えたかった。ぼくが目指すパラダイムシフトです」と木瀬さんは話す。

販売には苦労した。写真集を扱う書店が減っているのだ。大型書店でも、美術書・写真集を置くスペースを縮小するする店が多い。売れるまでじっくり並べておく余裕が、書店からなくなっている。それでも神田神保町の書泉グランデをはじめ、鉄道に強い書店はたくさん売ってくれた。

実績も知名度もない出版社にもかかわらず、著者たちの反応もよい。第三書館に入ったばかりのころ、北川社長にいわれたのは、著者と打ち合わせするとき、「本当に第三書館から出していいのか?」と確認することだったという。つまり、第三書館ではいやだ、という人も世の中にはいる。まあ、これまでさまざまな意味で世間を騒がせるような本を出してきた第三書館だからこそだけど。だから、ころからをつくってからも、木瀬さんは著者に「本当にころからでいいのか?」と確認するのだそうだけど、いまのところ断った著者はいない。

ころからの名前を『九月、東京の路上で』によって知ったという人は多い。14年春に出た歴史ノンフィクションだ。関東大震災直後に起きた朝鮮人虐殺について書いたものである。ちょうど在特会などによるヘイトスピーチが社会問題化していた時期で、大いに話題になった。新聞や雑誌の書評にもよく取り上げられた。

この本は文字どおり東京の路上で、偶然から生まれたものだった。

木瀬さんとともにころからを立ち上げた安藤さんは、新大久保のアンチヘイトデモの現場で著者の加藤直樹氏と会った。ふたりは20年前にもつきあいがあった。チェルノブイリ事故が起きたころ、一緒に電力会社前で抗議デモなどをした仲だったのだ。それ以来の再会で、お互いに体型も変わっていたが、すぐにわかったという。また、加藤氏はペンネームでブログ等の執筆もしていて、安藤さんはそれを読んで、たぶん加藤氏が書いているのだろうと思っていた。

……という話を、翌日、木瀬さんが安藤さんから聞いて、「本をつくろう！」と即決した。でも、そこからが大変だった。ほとんど無名の著者のはじめての本だ。題材は90年も昔の事件。売れない要素がいっぱいだ。

「どうやって売ったらいいんだろう」と木瀬さんは考えた。カバーも本文も手間をかけた。加藤さんはなかなか賛成しなかったという。はじめての本なので、安藤さんが示したプランが具体的にどうなるのかイメージできなかったのだろう。完成した本を見て、加藤さんも「これはいいね」と喜んだそうだ。

ヒットの火をつけたのは、前出の小田嶋隆氏だった。

同じ赤羽の住人であるから、と献本していた。するとTBSラジオの番組で取り上げてくれたのだ。ちょうど浦和レッズのサポーターがスタジアムで日章旗と「JAPANESE ONLY」という横断幕を掲げ、人種差別、排外主義的行為として社会問題化した時期だった。

その数日後、こんどはライムスター宇多丸氏が、やはりTBSラジオで取り上げた。さらに大きな反響がきた。

ラジオ、それもAMなんて影響力がないのでは、と思う人もいるかもしれないが、本好きとの親和性は意外と強い。私も以前、TBSラジオの「ストリーム」や「デイキャッチ」にレギュラー出演していたころ、「聴いてます」とよく声をかけられた。

木瀬さんがライムスター宇多丸氏に献本をと思ったのは、青弓社の矢野未知生氏から話を聞いていたからだ。木瀬さんが矢野氏に「青弓社の本はしょっちゅう新聞に取り上げられていいですね」というと、「でも、売り上げの点では宇多丸さんの影響力がすごい！」という話になったのだそうだ。「ほんとかね」と思いつつ木瀬さんも献本したら、『九月、東京の路上で』でガツンと来たというわけだ。

私がオフィスを訪ねたとき、木瀬さんは机の上にたくさんの本を積んで、その中の1冊を読んでいた。どれもこれもヘイト本＝嫌韓反中本である。木瀬さんは「彼らの手口がわかりましたよ」と苦笑している。韓国や中国をネガティブに語る文脈のなかに、いくつかのデータを混入させ、あたかもエビデンスであるかのように装った文章が多いというのだ。よく読むとデータの数字だけでは価値判断できないのだが、読者は「韓国人や中国人はなんてひどいんだ」という印象を持つよう誘導される。陰謀論者が使う手口と似ている。

木瀬さんは5月に刊行される『さらば、ヘイト本！』の準備中だった。これはヘイト本を量産してきた編集プロダクションや出版社の社員を取材したヘイト本出版の舞台裏ドキュメントで、14年11月に出た『NOヘイト！　出版の製造者責任を考える』の続編ともいうべき本である。

『NOヘイト！』は14年7月に行われたシンポジウムを元にしたもの。シンポジウムはヘイトスピーチと排外主義に加担しない出版関係者の会と出版労連・出版の自由委員会の共催だった。出版労連には大手出版社の労組も加盟しているから、シンポジウムを元にした本を出したいという出版社がたくさんあるだろうと思いながら、木瀬さんはおそるおそる手を挙げた。ところが出版したいと名乗りを上げたのは、ころからだけだったという。

第三書館出身で関東大震災と朝鮮人虐殺の本やアンチ・ヘイト本をつくる編集者、というと木瀬さんが気むずかしくてゴリゴリの左翼・反体制活動家のように見えるかもしれない。だが、実際の木瀬さんはのんきで陽気な人だ。アンチ・ヘイト本を出すことについても、もちろん思想的な理由もあるだろうが「昔からヒットがひとつ出たら、それに対するアンチも話題になるでしょう」と山っ気のあるいいかたをする。

13年1月に会社を設立して、すでに2回、決算を迎えた。1年目は青色申告の申し込みをし忘れ、計上した赤字を翌年度に処理できなかった。しかも翌年度は黒字が出たため、「ずいぶんと高い勉強代」を税務署に納めることになった。そういうことも、ぼやきながら笑う。

これまでころからが出版してきた本は、ほとんどが著者にとって初の単著となるものだった。著者の知名度に頼るのではなく、前例のない本を世に問うていきたいと木瀬さんは考えているからだ。それでも半数近くの本は短期間のうちに重版している。かなりの高打率だ。パラダイムシフトを促すような本の出版は、確実に実績を重ねている。

case
11

共和国の場合

editorial republica

私が面白いと思うものを面白いと思ってくれる人が、あんまり多いのもいやなんですよね。（中略）10万人も私と同じ考えの人がいる世の中は気持ちが悪いじゃないですか

——下平尾直さん

editorialrepublica
共和国

〈世界を書物でロマン化します。〉

共和国のサイトの「共和国について」というページの冒頭におかれた言葉である。

〈出版という産業そのものの価値が問い直されている歴史的な逆境のさなかに、まったくの徒手空拳で出版社の設立に踏み出すことになりました。おもなコンセプトは「文化批判」です〉

と文章は続く。

「共和国」とは主権が国民にある国のこと。反対の概念は君主制国家だ。明治憲法下の日本は立憲君主制だったが、天皇を象徴と定める現憲法下の日本はなんだろう。少なくとも天皇を元首にしようという自民党憲法草案の日本国は「共和国」から遠い。

共和国のサイトには下平尾直さんが書評サイトＨＯＮＺに寄稿した文章へのリンクが貼ってある。「なぜ出版社を立ち上げたのか」という文章の中に次のようなフレーズがある。

〈6年半近くお世話になった勤務先の社長から、「きみみたいなカッコつき『優秀な』編集者は独立して自分で出版社でも作ったら？」と肩を叩かれたからです。それから（3行略）。この短くない年月を面倒みてくださった恩人である社長が言うことではないか、きっとわたしのことを思って背中を押してくれたのだ、と思い直して、この身体の奥底からふつふつと沸き上がってきたパワーを独立に使おうと決意したのでした〉

11

共和国の場合

ちなみに「3行略」と記したのは私じゃなくて、下平尾さん本人だ。この部分が、大いに気になる。

下平尾さんが「6年半近くお世話になった勤務先」というのは水声社のこと。

水声社はフランス文学を柱に思想・歴史・文学などに関する本を刊行してきた出版社で、リオタールの『ポストモダンの条件』やバフチンの全著作集（まだ完結していないが）などの刊行で知られる。また、アマゾンでの販売を拒否している出版社でもある。

水声社は1981年に創業したとき書肆風の薔薇という名前だったが、91年に社名を変更した。出版社が会社名を変えるというのはよほどのことである。10年の間に読者や書店員に浸透した名前を捨て、ブランドイメージを捨てるのだから。そのような大胆な社名変更例としてはマガジンハウスがある。戦後間もなく凡人社としてスタートし、創立9年後に平凡出版に社名変更、さらに29年後に現在のマガジンハウスへと社名変更した。名前を変えた理由は平凡社（1914年創立）との混同を避けたからともいわれる。当時、同社のある編集者は「平凡社に対する負い目のようなものがあった」といっていた。平凡出版からマガジンハウスに社名変更する際は、大々的なキャンペーンを展開した。かなりお金がかかったと思われる。ついでにいうと、その後マガジンハウスは雑誌だけでなく書籍にも力を入れるようになり、ビジネス系自己啓発書でヒットを飛ばすようにもなった。「マガジンなんて限定するんじゃなかったなあ」とぼやく社員もいる。

書肆風の薔薇が水声社に社名変更した理由は、会社名がわかりにくいからだったといわれる。醤油のCMで安田成美が「『薔薇』って書ける？」と媚びた表情を見せたのが92年で、社名変更はその前年だった。もし順序が逆だったら、「安田成美にツッコまれたので会社名を変えたのか」と笑われるところだったが、社名変更の方が先だ。「薔薇」は読めても書けないという人が多い。出版社の場合、それがシャレですまないのは、書店員が注文する伝票に書名や出版社名を記入しなければならないからだ。いまはネットでの注文が主流になったが、ネット環境が整備される前は手書きだった。「書肆」を「しょし」と読めない人もいる。「しょつ」などと誤読しそうだ。

それはともかく、HONZに寄稿した共和国をはじめる経緯についての部分は、「3行略」もふくめて妙に奥歯にものが挟まったような書き方になっているが、下平尾さんは一応は円満退社した。一応は。辞めるまでに、まあ、いろいろあったのだが、「（水声社社長は）編集者としてはかなり優秀な人なので、本のつくり方について学ぶところも多かったし、私も都甲幸治さんはじめ水声社の仕事でいろんな著者と知り合うことができた」と下平尾さんはいう。会社の看板、あるいは名刺で仕事をして、それがいわゆる人脈づくりにつながり、出版社を興す下地づくりになったと考えれば、プラスは大きかった。下平尾さんは水声社でチーフディレクターとしてエルンスト・ブロッホの『ナチズム』や、まだ無名の若い書き手だった黒木夏美氏の『バナナの皮はなぜすべるのか?』、藤原辰史氏の『ナチスのキッチン』などを担当した。

下平尾さんが本格的に退社を検討したのが13年の11月ごろからで、最終的に決意したのは12月10日だった。年が明けて14年1月15日付けで水声社を退社。株式会社共和国を設立(建国?)したのは4月2日付である。

水声社を辞めようと考えたとき、下平尾さんは45歳だった。他社に転職するか、それとも独立するか迷った。以前から親しかった月曜社の小林浩氏をはじめ何人かに相談したうえで自分で出版社をはじめることにした。水声社を退社する直前、親戚が孤独死のように亡くなったことも大きい。他に都内に身寄りがなかったこともあって、検死から葬儀まで、すべてひとりで処理していたら、人間の死なんてあっけない、会社をつくることなんて何も悩む必要などないと迷いも一掃されたという。

「仮にうまく転職できたとして、同じような年齢の上司がいればお互いにやりにくいだろうし、それが友人・知人のつてで入社したのだとしたら、その人に迷惑をかけることになるかもしれない。だったら独立して、もしうまくいかなくなって潰れたら、それはそのときに考えよう」というわけで独立を選んだのだ。

といっても、資金はほとんどない。退職金の100万円と、妻から借りた200万円。そして、失業保険の受給資格者が起業する場合に受けられる受給資格者創業支援助成金が70万円。法人登記など会社創設の手続きは、司法書士などの手を借りずに下平尾さんがおこなった。自宅をオフィスにしたので経費はほとんどかからなかったが、それでも組版用のMacやコピー機など、最低限の機器をそろえると創業支援助成金の70万円はすぐ消えた。

「共和国」という会社名は、友人と雑談していて思いついた。下平尾さんの京都大学大学院での指導教員はドイツ文学者の池田浩士氏で、池田氏が60年代末に山崎カヲル氏らと出していた季刊誌の名前が『共和国』だった（3号で終わった）。もうひとつ、菅啓次郎氏のエッセイ集『本は読めないものだから心配するな』の中に、〈書店の「共和国」は、ドルを参照枠とするお金の「共和国」に、対抗する〉という一節がある。池田氏と菅氏のふたつが会社名の由来である。「共和国出版」でもなければ「書肆共和国」でもなく、たんに「共和国」としてしまったところがいい。

「もし倒産したら京都で第二共和国をつくり、それもまた倒産したら沖縄に行って琉球共和国をつくろうか。あるいは転向して第三帝国でも」なんて軽口が下平尾さんの口から出る。

池田氏には事前に「共和国」という名称を使っていいか、というお伺いを立てた。もちろん快諾。池田氏も、そして池田氏の師匠にあたる栗原幸夫氏（文芸評論家）も、応援してくれている。ふたりは共和国にとって精神的支柱だと下平尾さんはいう。大学院に進んだのは池田氏のすすめによってだったし、池田氏とのつきあいは水声社に入ってからも継続していた。エルンスト・ブロッホの主著『この時代の遺産』や『ナチズム』は池田氏の翻訳／共訳で水声社からいまも出ている。

共和国をはじめるにあたって下平尾さんがまず考えたのは流通のことだった。相談をした月曜社の小林氏にも、（直販・直卸だけでなく）最低でも1社とは取次と契約をしたほうがいいとアドバイスされた。とくに人文書の場合は、つくった本を全国の書店で流通させられる最低限のインフラは用意しておくべきだというのがその理由である。そうしたいろんな選択肢の中から選んだのがトランスビューだった。トランスビューと取引があれば、トランスビューとは直接の取引がない書店でも、トランスビューから取次を経由して書店に卸すことができる。

下平尾さんが相談した人びと、とくに70年代に出版社をはじめたベテランの出版社経営者たちは、口々に「ともかく当たって砕けろだ」といった。まずは大手のトーハンと日販の窓口に企画書を持っていって、アカウントを開いてもらえるよう交渉してみろと。それでダメなら別の手段を探せというのである。取次の株主であるような大手出版社の役員クラスが口添えしてもらうといいなんていう話も聞いたりするが、下平尾さんにはそのようなつてもない。

「とりあえず当たって砕けろだなんて冗談じゃない。なんで砕けるためにわざわざ大切な企画書を持って大手取次を訪問しなきゃいけないのか」と下平尾さんはいう。

トランスビューの工藤秀之氏に相談すると、すぐその場で「うちでやりませんか」といってくれた。トランスビューのシステムは共和国のスタイルにぴったりだった。

もちろん、第一に正味を低く抑えて書店の利益を確保するという工藤氏の理念に共感したことが大きい。下平尾さん自身は、トランスビュー方式の正味68~70％よりさらに下げてもいいと思っているくらいだ。そしてなにより、はじめてみたら手間がかからないのに驚いた、と下平尾さんはいう。

「トランスビューが取引代行をしてくれるので、各書店に請求してお金を回収して、各版元に支払ってくれます。かかった経費は毎月請求書が来る。差し引いた売上が毎月、こちらの口座に振り込まれます。経理や出納が苦手な人間にとってはかなり助かっています。仮にトーハンや日販と口座を開設できたとしても、都度請求書を送らなければならないじゃないですか。請求しないとお金は入ってこないから。しかも支払いは7か月後だったり、支払い留保だったりする。トランスビューのシステムだと、こちらから請求書を作成しなくても勘定してくれるので、その時間を企画や編集実務に充てることができます。ただ、自分で営業して注文をとらないと本屋さんに並ばないのがネックですが」と下平尾さんはいう。思わず苦笑してしまうが、私も出版社への請求書をよく溜めてしまうので、親近感を覚える。

営業回りをする時間はあまりないが、共和国をはじめてすぐ都内や京阪神の大型書店を挨拶に回ったとき、流通はトランスビューを使うというと「ああ、トランスビューですね」と反応がよかった。トランスビューとの直接取引というだけで、おおよそのイメージをつかんでもらえるようだ。もっとも、中には、「人文書を出していきます」といっただけで、具体的な企画内容を聞く前に「取次はどこ? 返品はできるの?」という書店もなかったわけではない。「返品するために本をつくってるんじゃないよ」といいそうになったが、そこはぐっとがまんして言葉を飲み込む。

共和国は印刷所としておもに精興社を使っている。人文書や文芸書で定評のある老舗で、一流の印刷会社だ。私はいちどテレビの仕事で青梅の本社工場を取材に行ったことがある。

「水声社時代にご縁があって、いまもつきあってくれています。独立するならうちをお願いしますといわれたときはうれしかった。精興社の担当者は、よくチェックしてくれるんですよね。ひとりでやっていると、校正なんかも甘くなりがちですが、ミスがあると必ず指摘してくれます。いちど、進行の途中で綴じ開きの方向が逆になったことがあります。カバーも反対にしなければいけないのに、私もデザイナーもすっかり見落としていた。それを精興社は指摘してくれました。気づかないふりをして刷り直しを要求するような印刷所もあると聞きますが」

予算がないと、どうしても料金の安い業者を選んでしまいがちだが、料金にかかわらず信頼できる担当者のいる会社と取引するほうがいいと下平尾さんはいう。とくに小規模な出版社にとっては、印刷所やデザイナーも巻き込んで、いっしょに一冊の本づくりに参加するチームになってもらえるかどうかが大きい。

共和国の刊行第1弾は都甲幸治『狂喜の読み屋』と藤原辰史『食べること考えること』で、書店に並んだのは14年6月だった。法人登記してわずか2か月で刊行できたのだから早い。

水声社を辞めて共和国をつくると著者たちに挨拶して回ったとき、まっさきに歓迎してくれたのがこのふたりだった。

下平尾さんは水声社で都甲氏の評論集『偽アメリカ文学の誕生』を企画し、この本で都甲氏はその名を読書界で広く知られるようになった。同書のあとがきで都甲氏は下平尾さんを「優秀な編集者」といい、「本書は下平尾さんとの共著という面が強い」と述べている。また、『狂喜の読み屋』のあとがきは、『偽アメリカ文学の誕生』を出して「人生が変わった」という言葉からはじまり、末尾近くには「今回も下平尾直さんにはとてもお世話になりました。株式会社共和国、第一弾のラインナップに加えてもらえて、こんなに光栄なことはありません」という言葉もある。

藤原辰史氏も下平尾さんが担当した『ナチスのキッチン——「食べること」の環境史』が第一回河合隼雄学芸賞を授賞するなどしている。

「都甲さんは二つ返事で『狂喜の読み屋』を出すことに賛成してくれました。忙しい人なのでそれまでに発表した文章だけでいいといったのですが、がんばってこの本のキモとなる書き下ろしの原稿も入れてくれました。彼は面倒見がよくて親分肌なんですね。その後もいろんな人を積極的に紹介してくれます。藤原さんは私の大学院の後輩で、同じ池田研究室でガシガシ勉強したものです。独立すると伝えると、今まで書いたエッセイがそれなりの分量になってきたので本にしませんか、といってくれました。彼もいろんな人を紹介してくれます。出版社にとっては企画がもっとも大切で、企画が途切れてしまうと、会社は存在していても出版する本がない、という妙なことになってしまいます。だから著者たちが応援してくれるのは非常に心強いことですね」と下平尾さんはいう。

第1弾の都甲幸治『狂喜の読み屋』と藤原辰史『食べること考えること』が象徴的なように、比較的若い書き手の本を積極的に刊行している。都甲氏は69年生まれ、藤原氏は76年生まれだ。また、全国紙をはじめ多くの書評で絶賛された『遊廓のストライキ』の山家悠平氏も76年生まれである。

「小さな出版社の場合、その本を売るというよりも、著者を売るということになるんですよ。その著者が信頼できるから、ガツッと売り出しましょう、と。たとえば都甲さんはイベントにも積極的ですが、著者が自ら動いてくれる本はよく売れますね。これまで出した本の中には、助成金がついていたり、著者自身の買い取りをお願いしているものもありますが、それが刊行を決める条件になるわけではありません。会ったときに信頼できると判断できれば、内容次第ではありますが、多少の赤字は目をつむろう、と思ってしまいますね。その人のデビュー作になる場合は、造本もできるだけ手の込んだものにしたい。それが私にバックアップできる唯一のことですから。その分野で長くがんばってくれて、売れるようになってくるんじゃないかな、という期待料込みで考えます」

下平尾直さんは1968年大阪に生まれ、水声社に入るまで大阪に住んでいた。関西大学法学部を7年かけて卒業した。学部の1回生のときから4回生までは朝日新聞の編集局でアルバイトをして、そこで校正などを学んだ。その後、映画会社の宣伝部などで働き、大学を卒業すると大阪のデザイン会社にコピーライターとして就職する。池田浩士氏と知り合うのはその長い学部生時代のことだ。父親が病没して親不孝もいいところだったが、池田氏のすすめもあって京都大学の大学院に進学する。修士修了に3年かかって博士に進み、博士課程の2年目からは日本学術振興会特別研究員に採用された。給料と研究費が支給されるようになったのだ。

「とはいえ、博士課程も3年を過ぎて年齢も35歳前後になると、さすがに焦りも出てくるし、なんとなくしんどかったんでしょうね。左耳が突発性難聴になってしまいました。それまでは能天気に生きてきましたが、これは暗くなりました。入院しても治らなくて、鬱にもなってしまいました。まさか自分が鬱になるとは一瞬たりとも考えたことがなかったんですが、とにかく耳鳴りがして眠れないんですよ。医者にいって、睡眠薬をたくさんもらって、それでも眠れないので酒を飲む。睡眠薬とアルコール漬けになって、半年ぐらい引きこもり状態でした」

すごいのはそこからだ。耳が悪いならあえて耳を使う仕事をしてみようとなぜか思いつき、進研ゼミのコールセンターでアルバイトをはじめた。ヘッドセットをつけて、電話で入退会の受付をするのだ。片耳が聞こえないので思い通りに業務を遂行できない場面も多かったが、それでも続けていると、ある日、「私って、ぜんぜん大丈夫じゃん」と思い、立ち直ったというのである。それを機に、1日100本吸っていたタバコはやめた。もっとも、片耳は依然として難聴のままである。

このエピソードからもわかるように、下平尾さんはかなりユニークな性格だ。さらにアルコールが入ると、そのユニークさに拍車がかかる。ハチャメチャといってもいい。たとえば京阪電車の出町柳駅で酔って階段から転落して気を失って救急車で運ばれ、しかも深夜の病院から血だらけのまま脱走して京大の研究室にたどりついたという「事件」もあるのだが、残念ながら細かく紹介するスペースはない。

下平尾さんは大学院に籍を置きながら、小学生向けの作文教材をつくる会社に就職する。作文に特化した添削の事業をはじめるということで募集があったのだ。進研ゼミに在籍したことがあるのと、商業コピーや学術論文を書いていた経験を買われ、編集長として採用された。そこで某有名教育学者の本を担当して成功し、さらには某出版社で彼の著書を出すにあたってその下請をすることになり、下平尾さんは10冊近く彼の本をつくることになる。一方、会員ゼロからスタートした作文の添削事業も、1年半をすぎるころには会員1

000人にまで成長していった。会社はさらなる拡大を望み、下平尾さんの仕事はますます忙しくなっていった。

「結局その会社には20か月しかいなかったのですが、私がほんとうにやりたいのは、小学生向け作文の教材をつくることではなくて出版なんだ、とあらためて思うようになったんですよね。それまではカタログや雑誌、教材はたくさんつくってきたのですが。そして出版をやるなら東京だなと思っていたところに、水声社の求人広告が朝日新聞に載りました」

応募したところ採用が決まり、水声社での6年半にわたる編集者生活がはじまった。

下平尾さんの話には「身軽に」という言葉がよく出てくる。45歳で独立・起業を決断できたのも、子どものいない夫婦ふたり暮らしのうえに妻も某社の編集者をしているので身軽だから。東久留米市の自宅マンションを会社のオフィスにしたのは月曜社の小林氏のアドバイスをうけてのことでもあるが、これもやはり身軽だから。流通をトランスビューが代行する直接取引にしたのも、倉庫などを借りる必要がなくて身軽だから。初版部数も1000部を目安にしていて、売れたらそのつど重版すればいいというスタンスだ。そもそもひとりで出版社をはじめたのも、「会ってみて、あるいは原稿を読んで面白いと思えば誰かの評価を機気にせずに出せる。私ひとりが決断すればいいから。それが小さな出版社、インデペンデントな出版社にできることだと思う」という。身軽であること、フットワークが軽いことこそが、大手出版社にはない強みだ。

自宅兼オフィスというのは、身軽ではあるけれども、いいことばかりではない。

「通勤がないのはよしあしです。通勤すると多少なりとも気分が変わるじゃないですか。それに自宅が仕事場だと、生活と仕事の境目がなくなって、家の中がひっちゃかめっちゃか。本や資料なんかはリビングまで侵食しています。一応、パジャマのままでは仕事をしない、起きたら着替える、など決めているんですけど。朝、女房が出勤する9時ごろには起きて、さて今日はなにをしようかと考える。やらなきゃならないことはたくさんあるんですが、なにからやるか。ゲラを読もうか、企画の準備をしようか、注文の処理をしようか。家の中をうろうろしながら、あまり頭を使わずにすむ広告づくりなんかをしているうちに11時になる。午後からは本気を出してガーッとやるんですが、自宅にいると6時ぐらいには飲みたくなるんですね」

ひとりだけなので、夜遅くに妻が帰宅するまで誰とも会わない日も多い。気がつくと、近所のヨーカドーで「レジ袋はいりません」のひとことだけしか発していない、なんていう日もあるのだという。

刊行企画はたくさんある。既存のジャンルにこだわらず「共和国」というジャンルをこの世界、出版業界の片隅に残したい、と思っている。B.D.（バンド・デシネ）や建築関係も視野に入っている。

「私が面白いと思うものを面白いと思ってくれる人が、あんまり多いのもいやなんですよね。もちろん本がたくさん売れて、お世話になっているみなさんや関係者に恩返しができればいいですよね。でも、小さい出版社を興す魅力はそれだけでもない、と思っています。売れるとわかっていても、やっぱり人をだまして儲けるような本は出したくありません。10万人も私と同じ考えの人がいる世の中は気持ちが悪いじゃないですか。1000人がちょうどいいと思いますね。がんばっても2000人か3000人なら、まあ、いいかな」

ベストセラーなんか出したくない、ミリオンセラーなんてとんでもないというのである。かっこいい。

新しい小さな出版社をつくるということ

本が売れない時代に出版社をはじめる

この本では、小さな出版社をはじめた11社、12人の人びとに会って話を聞いた。「みなさん、よくぞこの時代にこんなことをはじめたものだ」というのが私の正直な感想だ。皮肉に聞こえるかもしれないが、純粋に驚きであり、感動であり、そして共感である。ひとりの本好きとして感謝したい。書籍のいいところのひとつは多様性で、いろんな出版社があるほうが多様性は広がる。

新刊市場はこの20年、縮小し続けている。理由は複雑だ。景気低迷もあれば、インターネットやスマートフォンの普及もある。最大の理由は人口減少だろう。統計を見ると、15歳から64歳までの生産年齢人口の変化と新刊書販売部数の変化はほぼ一致している。人口はこれからますます減り続ける。新刊市場が拡大する可能性はない。それにもかかわらず、出版社をはじめた人びとがいる。すばらしいことではないか。

12人のみなさんはほかの仕事を選んでも成功しただろう。実際、ほかの出版社やほかの仕事である程度の成功をおさめてから出版社起業を選んだ人が多い。ほかの仕事でもやっていける、だけど自分の出版社をつくった。ここのところが重要だと思う。ほかの仕事を選べば、もっとお金を儲けて、もっと楽な暮らしができただろう（それぞれのみなさんの暮らし向きについては聞かなかったけれども）。それなのに、あえて儲からない出版社の起業を選んだ。そこにはお金に換えられない何かがあったからだ。その「何か」は一人ひとり違う。

猿江商會のことを少し

この本の出版元、猿江商會もまた新しい小さな出版社のひとつである。社長の古川聡彦さんがひとりだけで何から何までこなす「ひとり出版社」だ。

はじめて古川さんに会ったとき、彼は大修館書店に勤務していた。大修館書店は世界最大の漢和辞典、『諸橋大漢和』を刊行するためにつくられたような出版社で、１９１８年の創業だから間もなく創業100年をむかえる。シェア率ナンバーワンの英和辞典、『ジーニアス英和辞典』や高校の教科書などでもよく知られている。伝統も知名度も抜群の会社だ。古川さんは大修館書店で広報・宣伝の担当をしていて、私はPR誌への寄稿や、辞書の宣伝キャンペーンのためのトークショーなどの仕事を彼から依頼された。打合せ後の雑談などで、古川さんは大修館書店に転職する前は光文社に勤務していたことを知った。光文社での仕事は週刊誌やファッション誌などの編集が中心だったという。光文社は講談社の関連会社で、『女性自身』や『JJ』で知られる大手出版社だ。古川さんが光文社を辞めた理由は知らない。「どうして?」と聞いたことがないし、彼のほうから積極的に話そうともしない。ちなみに光文社は2010年に大規模なリストラをおこなっているが、古川さんが光文社を辞めたのは2005年の11月。リストラの5年も前だ。

何度か古川さんと会ううちに、大修館書店を辞めて独立して、じぶんの出版社をはじめるつもりだと打ち明けられた。しかもひとりではじめるという。大手の光文社、伝統ある大修館書店とは、対照的な場所に身を置くつもりだという。

そのとき私がどう反応したのかはおぼえていない。ただ、それまでの会話から、古川さんが本づくりや雑誌づくりについて熟知しているだけでなく、出版流通や広報・宣伝についてもよく知っていることはわかっていた。もちろん現在の出版をめぐる状況についても。

けっして明るいとはいえない将来についても。

これまでもいろんな出版社の社員から「会社を辞めようと思っている」と何度も聞いてきたので、もしかしたら古川さんの話も私は話半分に聞いていたのかもしれない。「辞める」といってほんとうに辞める人は、私の経験上、4人に1人ぐらいだ。残りの3人は「辞める」「辞めてやる」といいながら、その会社に居続ける。ところが彼はほんとうに大修館書店を退社して、会社をつくってしまった。

「会社の名前は猿江商會にしました」と彼から聞いたとき、いいなと思った。猫に名前をつけるのはむずかしいというはエリオットの詩だけど、会社に名前をつけるのもむずかしい。とても休日の気晴らしというわけにはいかない。猿江商會という出版社名は会社のある場所、東京都江東区猿江からとった。むかしの「深川」で、いまもそう呼ぶ人が多い。

古川さんが会社を江東区に置いたのは、住まいがあるからだけでなく、区の創業者向け融資を考えてのことだと聞いた。思いつきで発作的に出版社をはじめたわけではなく、周到な資金計画を立ててのスタートだ。

流通は大手取次ではなくトランスビューの注文出荷制を使うことにした。光文社と大修館書店の人脈をつかえば、大手取次とも取引可能なんじゃないかと思うけれども、彼はいろいろ考えて注文出荷制を選択した。参加社が集まって近刊情報のＤＭを書店に送る作業をする話などを、ときどき彼から聞いていた。

この本は猿江商會の創立と同時に取材をはじめた。2015年の春に、一気に取材をおこなった。ほんとうは15年中に刊行する予定だったが、私の執筆が遅れて年は申年に入り、それも秋にずれ込んでしまった。遅れてしまった理由は、私が怠け者であることがいちばんだが、もうひとつは、この本ではいままでと違ったやりかたをしてみたいと思ったのが失敗だった。新しい出版社なのだから、私もやったことのないやり方で、と考えたのだ。

ふだん私は、取材して原稿を書くとき、事前に調べられるだけ調べ、質問項目を準備してインタビューする。インタビューを終えると録音を聞いて文字に起こし、それをもとに原稿を作成する。『インタビュー術！』（講談社現代新書）に書いたとおりのやり方だ。でも、この本では、まったく逆をやろうと思った。なんの準備もせずに相手に会い、その場で思いついたことを聞き、録音を聞かずに記憶していることだけで書こうと思ったのだ。ところがいざ書きはじめて怖じ気づいてしまった。これまでのスタイルが骨の髄まで染み込んでしまっていて、記憶だけで書くのが怖くてたまらない。結局、録音を聞き返し、文字起こしをして——レコーダーを用意していくという時点で、すでに腰が引けていたのではあるが——原稿を書いた。取材に応じてくださった皆さんに、そして古川さんにも申し訳ない。

本をつくるのは楽しい

２００８年４月から13年３月までの５年間、私は早稲田大学で出版について講義した。機会あるごとに学生たちに「本づくりは楽しくてやりがいがある仕事だから、就職先として出版社はとてもいいと思うよ」と話した。それは本音だ。

世の中に優良企業とされる会社はたくさんある。でも、たとえばクルマが好きでトヨタに入っても、ひとつのクルマをまるごとゼロからつくる機会はほとんどない。新しいクルマを開発するとき、そのチームリーダーに選ばれるのは、同期入社した中でひとりいるかいないかだろう。もしかしたら大企業の役員になるよりむずかしいかもしれない。美大を出て富士重工に入ったパラダイス山元だって、スバル・レガシーのデザインにかかわりながら、かたちになったのはリアの「ＬＥＧＡＣＹ」というロゴだけだったという。「だけ」などといってはいけない。大手メーカーでクルマの開発にかかわりながら、かたちある仕事ができるのは、ごくひと握りの社員でしかない。

ところが本は違う。新入社員がはじめてひとりでつくった本がベストセラーになることもある。しかも本は永遠に残る。つくった本がやがて文庫化されるなどかたちを変えて残ることもある。いちど絶版になった後、復刊したり、ほかの出版社から出ることもある。単行本のまま新刊市場から姿を消したとしても（じつはそういう本が圧倒的に多いのだが）、国立国会図書館をはじめ図書館には残る。また、古本屋で売られることもあるし、個人の本棚にも残る。1冊の本がほかの本に影響を与える。私は本の後ろの参考文献一覧を見るのが好きだが、これはその本がどれだけほかの本の影響を受けたかという記録とも読める。

　というわけで、ぜひ出版界に入ってほしい、そして本の未来を切り開いてほしい、と私は学生たちに呼びかけ続けた。

出版社をつくるのは簡単だ

　とはいえ出版社に就職するのは難しい。大手出版社の競争率はびっくりするほど高く、中小の出版社は新卒採用をしないことも多い。それでも出版社に入りたいという学生は多い。出版不況だ、絶滅危惧産業だ、などとさんざんいわれているのに、本はなくならないと信じている若者がたくさんいる。

　出版社の社員になるのは難しいけれども、出版社の社長になるのは簡単だ。自分で出版社をつくってしまえばいいのだから。編集者になれば本がつくれる、新入社員でもベストセラーが出せるかもしれない、と述べたけれども、編集者が好きな本をつくれるとは限らない。自分が立てた企画が通らないかもしれないし（通らないことのほうが多い）、つくりたくない本をつくるように命じられるかもしれない。でも自分が社長なら、つくりたい本だけをつくっていける。

出版社はアウトソーシングのかたまりのような業態だから、簡単にはじめられる。資格がいるわけでもないし、役所の許認可もいらない。どこかに届け出る必要もない。法人（会社組織）である必要もない。オフィスも自宅でじゅうぶんだ。名刺とパソコンとスマホがあればはじめられる。

だが、出版社をつくるのは簡単でも、出版活動を続けるのは簡単じゃない。会社が会社であり続けるためには、お金が回っていかなければならないからだ。本をつくって売って、資金を回収して次の本をつくる。この循環を維持するシステムができあがったとき、はじめて「出版社をつくった」といえる。

新しい小さな出版社から浮かび上がる現代日本出版産業の諸問題

本書では11の新しい小さな出版社を――この本の出版元である猿江商會も含めれば12の出版社を――見てきたわけだが、そこから現代日本の出版産業が抱えているいくつかの問題も浮かび上がってきた。

まず、新規参入が難しいということ。出版社の業務のほとんどはアウトソーシングされているが、製造、つまり印刷・製本に関しては委託先を見つけるのが簡単だ。難しいのは流通のアウトソーシングである。つくった本をどうやって読者に届けるか。出版物の大半は取次を経由して書店やコンビニに卸されるが、取次に取引口座を開設するのは簡単じゃないし、取引開始にこぎつけたとしても支払い条件は老舗出版社や大手出版社に比べると圧倒的に厳しい。

大手の老舗出版社は大手取次の株主でもあって、だからそもそも大手取次は大手出版社のための流通システムなのだともいえる。また、事業を継続できるかどうかわからない新興零細出版社に対してはそれ相応のリスクヘッジをしなければならない、という取次の論理もわかる。取次は公共機関ではなく私企業なのだから。取次もまた利益を出し、事業を継続していかなければならない。なにしろ取次も倒産する時代だ。

しかし、そういう大手取次の立場はわかるが、新規参入が難しい業界は衰退してしまうだろう。どんな老舗も「はじめ」はあったはずで、最初の1冊からはじまった。最近は大手の取次も出版社や書店の新規参入を促す方針だと聞くが、それでも資産家でもない個人がはじめるのにはまだまだハードルが高い。

新世紀に入って環境が変わってきた。

一方で、新世紀に入るころから出版物の流通環境が変わってきた。アマゾンの出現と書店の淘汰が背景にある。もっといえばコンピュータやインターネットなど情報技術の革新やグローバリズムの影響（たとえば大店法などの変化）である。アマゾンが日本にも進出をすると聞いたとき、うまくいかないだろうと私は思った。アメリカとは環境が違うからだ。再販制のある日本では定価販売が主流だし、全国津々浦々に書店がある。取次が物流・金融（決済）・情報の3つを握っている。ところが私の予想ははずれ、アマゾンはサービスを開始するや短期間で成功をおさめた。出版社にとってはリアル書店以外の流通チャンネルを得たことを意味する。アマゾンは取次を介さない直取引にも力を入れる。

リアル書店では淘汰が進んでいる。大都市を中心にメガストアが増える一方で、零細書店はどんどん姿を消した。大手ナショナルチェーンのグループ化や再編も進む。一般に、小さな出版社の本は大きな書店が扱うことが多く、小さな書店は大きな出版社の雑誌やコミックや文庫を中心に扱うという傾向がある。小さな出版社を大きな書店が支え、小さな書店を大きな出版社が支えるといいかえてもいい。これをクロス現象などと呼ぶ人もいる。メガストアが増えれば、小さな出版社のマイナーな本が並ぶ可能性も広がる。

小さな書店の中から、取次が決めたパターンによる配本ではなく、自分たちが売りたいと思う本だけを仕入れるところがあらわれてきた。アパレル業界にならってセレクトショップ型の書店とかセレクト書店ともいわれる。都市部を中心に増えてきたこうした書店は新しい小さな出版社とも相性がいい。

こうして、小さな出版社の本、マイナーな本が流通する条件が以前よりよくなってきた。

注文出荷制がなぜ注目されるのか

出版社と書店の直取引や注文出荷制が注目されている。取次を経由した委託配本ではない、オルタナティブな出版流通のあり方である。これまで主流だった、そして現在も主流である委託配本制は、出版社にとっても書店にとっても手間がかからず便利ではあるが、市場縮小が続く中で不都合な面も目立ってきた。全国の書店の団体である日書連（日本書店商業組合連合会）が2015年末におこなった小売書店の経営実態調査によると、新刊書籍の入荷状況について「希望通り入荷することが多い」と回答した書店はわずか7・5%しかない。「入荷するが希望数は入らないことが多い」が33・7%。そして「ほとんど入らないことが多い」が50・2%。半数の書店が「ほとんど入らない」といっているのだ。その一方で返品率は4割前後と高止まりした状態が長く続いている。しかもこの返品率は金額ベースでの平均だから、新刊だけをピンポイントで測定するともっと高いと思われる。需要と供給の大きなミスマッチが起きている。日書連に加盟しているのは中小零細規模の書店が多く、アンケートの数字が日本の書店界全体をあらわしているわけではないが、深刻な状況だと思う。

委託配本は書店に返品条件つきで納品する取引形態で、配本数を決めるのは書店の規模や立地、そしてこれまでの実績だ。1点1点の本について取次が書店の希望を聞くわけではないし、1点1点の特性を十分吟味する余裕もない（なにしろ新刊書は1年間に7万点以上出ているのだから）。一部の話題作を除くと、どうしても配本パターンは大雑把になってしまう。大量につくって大量に売れる本には都合がいいやりかたかもしれないが、少しつくってコツコツと長い時間をかけて売る本には向いていない。

返品率が問題なら委託をやめて注文買い切りにしてしまえばいい、という意見は以前からある。私もそう思っていた。だが書店経営者に取材すると、「返品する権利だけは失いたくない」という声が多い。売れ残った本の処分に困るからだ。出版社とは取次を介して再販売価格維持契約を結んでいるので、バーゲンにすることもできない。一定期間を過ぎると値引きを解禁する時限再販や、返品にペナルティーをつける案などがあるが、なかなか広がっていかない。

トランスビューがはじめた注文出荷制は、需要と供給のギャップをできるだけ埋めていて、出版社にも書店にもメリットがある。書店は必要な本を必要なだけ注文する。買い切りではないので返品のリスクは避けられる。

ただし欠点というか課題もある。注文出荷制では書店にその本の存在を知ってもらわないことには注文も取れない。新刊委託配本システムでは書店への配本がすなわちプロモーションである。初回入荷分は見本のようなものだ。現物が入荷してくることで書店員はその本の存在を知り、読者も書店店頭でその本の存在を知る。書店は現物を見て「もっと売れそうだ」と思えば追加発注をするし、さまざまなアンケートでも読者の購入動機のいちばんは「書店店頭で見て」という衝動買いである。注文出荷制をとる出版社の中でもある程度の規模がある出版社は、書店をまわって本の説明をして注文を取る（このことを考えるとき、私はいつもシーラ・ホッジスの『ゴランツ書店』を思い出す。晶文社から出ていたあの本は、出版関係者必読だと思うのだけれども……）。しかし、ひとり出版社では書店まわりをする時間はない。まして地方の書店もとなると不可能だ。トランスビューの注文出荷制に参加する出版社は、共同のDMやファックスなどでプロモーションをしている。それに加えて、各社のブログやSNSといったところか。

現物に次ぐプロモーション手段は新聞広告だ。新聞や雑誌への広告が一般読者や書店に対するプロモーションになっている。しかし、小さな出版社にとって新聞の広告費はあまりにも高額で、費用対効果を考えると二の足を踏んでしまう。しかも新聞を読まない人が増える一方だ。出版社のウェブサイトやブログ、SNSなどは小さな出版社にとっても必須のものとなっているが、ネットに載せたから誰もがその本の存在を知るというわけでもない。本の存在を読者にどう伝えるかが、これからの課題だろう。

ささやかだけど大切なこと

出版はビジネスのことだけ考えているとつまらなくなる。成長分野じゃないし、そもそもゼニカネと本の価値は関係ない。新刊書店にいくと漱石の『こころ』がコーヒー1杯分ぐらいの値段で売っている。同じ書店にベストセラー作家の新刊が3倍ぐらいの値段で売られている。じゃあ、どうでもいい手抜きした小説が『こころ』の3倍の価値があるかというと、もちろんそんなことはない。定価がいくらだろうと、クズはクズだ。しかも古本屋に行けば『こころ』は1冊100円均一の箱に入っているし、青空文庫なら0円で読める。ビジネスとしての出版はもともとそういう不条理なことのうえに成り立っている。だからビジネスだけで割り切ろうとすると空しくなる。

この長いあとがきの最初のほうで、新しい小さな出版社をはじめた人はすごいぞというようなことを述べた。みなさん優秀な人たちでお金儲けしようと思えばいくらでもできたのに、あえて儲からない出版を選んで、みたいなことを。それは大切なことだと思う。ゼニカネの勘定だけでなく何かをすること。もしかしたら、いま本をつくる意味、出版社を興す意味は、そこにあるのかもしれない。

専業でない働きかた　楕円形で生きる

本は誰でもつくれるし、出版社は誰にでもはじめられる。出版で食べていくのは簡単でないけれども、それは出版だけで食べていこうとするからだ。出版とほかのなにかで食べていけばいい。ダブルワークなんていうと新しいことのように聞こえるけれども、兼業は昔からあった。日本酒づくりに欠かせない杜氏（最近は「獺祭」のように杜氏ぬきの酒も注目されているけれども）は、農業との兼業だ。檀家の少ないお寺では住職が教員や役場などの職員であることも珍しくない。第155回芥川賞を受賞した村田沙耶香はコンビニで働いていることが話題になったが、純文学作家で大学教員などと兼業している人は多い。出版も専業でなくていいと思う。

この本に登場した出版社でも、たとえばシブヤ パブリッシング アンド ブックセラーズはもともと書店と出版社の兼業で、最近は服飾雑貨店の経営もしている。コルクはエージェント業務が主軸だ。自社出版物を手がけながら、他社の雑誌編集や原稿執筆をおこなっている出版社もある。それでいいと思う。

これしかない、と道ひとすじに打ち込む姿は美しいかもしれないが、でも道が2本、3

本あって、「これも、あれも」という生き方もいいではないか。書店界では一足先に、カフェを併設したり文具や生活雑貨の売場を設けるところが増えた。

「これしかない」から「これも、あれも」への拡張は、出版界全体を考えてもけっこう大切なことではないかと思う。日本の新刊市場は1990年代のなかばをピークに、この20年間縮小し続けている。それは生産年齢人口の減少とパラレルな関係にある。ところが、販売金額・販売部数が減り続けているにもかかわらず、新刊発行点数は最近まで増え続けていた。そのため、新刊書籍1点あたりの販売部数は減り続けた。作家や編集者にしてみると、かつての2倍は働かないと同じ水準の収入を得られなくなった。そうなってしまった要因はいろいろあるが、そのひとつが委託配本という流通システムにある。出版社は本をつくったら取次を介して全国の書店に配本する。配本すれば、とりあえずはお金が入ってくる。しかし書店は売れないと見切った本を返品する。返品があると出版社は書店に返金しなければならない。返金をさけるために、出版社は次の本をつくる。つまり本づくりが資金繰りの道具になってしまった。こうして市場は縮小しているのに発行点数は増えるという奇妙な状態が続いた。

これも、「出版だけで」と考えなければ避けられたかもしれない。収入の道が2つ、3つとあって、つくった本が売れなくて返品され、返金の必要が生じたとき、ほかからお金を回すことができれば、返金を避けるために本をつくるなんていうばかなことはしないですむ。出版社が多角化して、出版だけで食べずにすむようになれば、出版の世界はもっと風通しがよくなるのではないか。これまで出版社の多角化というと、老舗大手の不動産業が主なものだったけれども、もっと本業の根幹を見直すようなかたちで進めばいい。

その意味でも、新しい小さな出版社は、これからの本の世界に希望を与えてくれるものだと思う。

お話をうかがった11社、12人のみなさんに、あらためて感謝いたします。取材した音声データを聞き返しながら、本の未来についてあれこれ考えました。けっこう明るい気持ちになって、この長いあとがきを書くことができました。

小さな出版社たち（掲載順）

07 コルク
http://corkagency.com/

08 SPBS（シブヤ パブリッシング アンド ブックセラーズ）
http://www.shibuyabooks.co.jp/

09 トランスビュー
http://www.transview.co.jp/

10 ころから
http://korocolor.com/

11 共和国
http://www.ed-republica.com/

12 猿江商會
http://www.saruebooks.com/

詳しくは
webで!!

本書に登場した

01	ARTES	アルテスパブリッシング http://artespublishing.com/
02	鉄 筆	鉄筆 http://teppitsu.blogspot.jp/
03	羽鳥書店	羽鳥書店 http://www.hatorishoten.co.jp/
04	悟空出版	悟空出版 http://www.goku-books.jp/
05	BOOKEND	ブックエンド http://bookend.co.jp/
06	小さい書房	小さい書房 http://chiisaishobo.com/

永江 朗

Nagae Akira

1958年北海道生まれ。法政大学文学部哲学科卒業。西武百貨店系の洋書店、アール・ヴィヴァンに約7年間勤務した後、『宝島』などの編集を経てフリーライターに。「哲学からアダルトビデオまで」幅広いジャンルで活躍する。とりわけ書店流通には造詣が深い。著書に『51歳からの読書術―ほんとうの読書は中年を過ぎてから』(六耀社)、『「本が売れない」というけれど』(ポプラ新書)、『おじさんの哲学』(原書房)、『広辞苑の中の掘り出し日本語』(バジリコ)など。

小さな出版社のつくり方

2016年9月26日　初版第1刷発行

著　者　永江朗
©Nagae Akira

発行者　古川聡彦
発行所　株式会社猿江商會
〒135-0003　東京都江東区猿江2-1-7-403
TEL：03-6659-4946
FAX：03-6659-4976
info@saruebooks.com

装丁・本文デザイン　園木彩
印刷・製本　壮光舎印刷株式会社

ISBN978-4-908260-06-3 C0036 Printed in Japan